Fertilität und Erwerbsbeteiligung von Frauen in Deutschland

# SCHRIFTEN ZUR EMPIRISCHEN WIRTSCHAFTSFORSCHUNG

Herausgegeben von Peter M. Schulze

Band 10

PETER LANG
Frankfurt am Main · Berlin · Bern · Bruxelles · New York · Oxford · Wien

Yvonne Lange

# Fertilität und Erwerbsbeteiligung von Frauen in Deutschland

## Eine empirische Analyse

PETER LANG
Europäischer Verlag der Wissenschaften

**Bibliografische Information der Deutschen Nationalbibliothek**
Die Deutsche Nationalbibliothek verzeichnet diese Publikation in der Deutschen Nationalbibliografie; detaillierte bibliografische Daten sind im Internet über <http://www.d-nb.de> abrufbar.

Zugl.: Mainz, Univ., Diss., 2006

D 77
ISSN 1437-0697
ISBN 978-3-631-56265-9



www.peterlang.de

# VORWORT

Die vorliegende Arbeit entstand während meiner Tätigkeit als Wissenschaftliche Mitarbeiterin am Institut für Statistik und Ökonometrie der Johannes Gutenberg-Universität Mainz und wurde vom Fachbereich Wirtschaftswissenschaften als Dissertation angenommen.

Für die wissenschaftliche Betreuung der Arbeit gilt mein ganz besonderer Dank meinem Doktorvater - Herrn Prof. Dr. Peter M. Schulze -, der mir mit väterlichem Rat stets Lehrer in nicht nur fachlichen Angelegenheiten war.

Herrn Prof. Dr. Hartwig Bartling danke ich für die bereitwillige Übernahme des Zweitgutachtens sowie für die hilfreichen Anmerkungen und angenehmen Dialoge. Auch Herrn Prof. Dr. Ashok Kaul möchte ich einen herzlichen Dank sagen. Zusammen mit Herrn Prof. Dr. Peter M. Schulze und Herrn Prof. Dr. Hartwig Bartling ließ er die akademischen Gespräche im Rahmen des Rigorosums zu einem erfolgreichen Abschluss des Promotionsverfahrens werden.

Für die mühevolle und kritische Durchsicht des Manuskriptes gebührt Herrn Dr. Rainer König, meinem Vater - Herrn Diplom-Volkswirt Günter Lange - sowie meinem Lebenspartner - Herrn Diplom-Kaufmann Ulf König - ein großes Dankeschön. Ohne Ihre Unterstützung wäre diese Arbeit niemals in der vorliegenden Form entstanden.

Weiterhin gilt mein besonderer Dank meinen ehemaligen Kollegen für die freundschaftliche Atmosphäre, die die Zeit an der Universität für mich zu einem unvergesslichen Lebensabschnitt macht. Namentlich sind dabei besonders Herr Diplom-Kaufmann Alexander Prinz, Herr Diplom-Kaufmann Martin Flohr, Herr Dr. Manfred Scharein und Herr Dr. Marco Penske sowie Frau Stephanie Rauch hervorzuheben.

Meinen Eltern Irmgard und Günter Lange danke ich auf herzlichste für ihre Liebe und ihr Vertrauen. Durch ihre mentale und finanzielle Unterstützung haben sie mir eine akademische Ausbildung erst ermöglicht. Besonders meinem Vater verdanke ich unzählige anregende Diskussionen sowie wertvolle Tipps und Anregungen. Er ist mir stets Vorbild und Ansporn zugleich. Zu Guter letzt schulde ich meiner Schwester - Frau stud. rer. pol Marena Lange - für ihre aufopferungsvolle Unterstützung in der Endphase meiner Promotion ein großes Dankeschön.

# INHALTSVERZEICHNIS

# ABKÜRZUNGS- UND SYMBOLVERZEICHNIS

ZU KAPITEL 3:

| | |
|---|---|
| b | allgemeine Geburtenrate |
| B | Anzahl der in einem Kalenderjahr Lebendgeborenen |
| $B_x$ | Anzahl der von Frauen einer bestimmten Altersgruppe x lebend geborenen Kinder |
| BRR | Bruttoreproduktionsrate |
| c.p. | ceteris paribus |
| $f_x^M$ | auf die Zahl der Töchter beschränkte Gesamtfertilitätsrate |
| F | Anzahl der Frauen im gebärfähigen Alter |
| $F_x$ | Anzahl der Frauen einer bestimmten Altersgruppe |
| FLPR | Female Labour Participation Rate |
| h | am Arbeitsmarkt angebotenen Arbeitsstunden |
| H | Gesamtarbeitsstundenanzahl |
| I | Familieneinkommen |
| L | Anzahl an Freizeitstunden |
| MRS | Marginal Rate of Substitution, Grenzrate der Substitution |
| n | Anzahl der Kinder |
| NRR | Nettoreproduktionsrate |
| $p_c$ | fixe Kosten einer Einheit an Qualität |
| $p_n$ | mit einer Einheit von n verbundene Kinderkosten |
| $p_x^M$ | Überlebenswahrscheinlichkeit der Frauen des Alters x |
| P | Bevölkerungsbestand |
| Q | Qualität |
| R | Schatteneinkommen |
| T | zur Verfügung stehende Zeit |
| TFR | Total Fertility Rate |
| U | Nutzen |
| w | Lohnsatz pro Arbeitsstunde; Lohnsatz für eine Stunde Freizeit |
| Y | Einkommen |
| $Y_0$ | arbeitsunabhängiger Einkommensbestandteil |
| Z | Summe aller anderen Güter |
| $\partial$ | Differentialoperator |
| $\lambda$ | Lagrange-Multiplikator |

| | |
|---|---|
| $\pi_z$ | Kosten einer Einheit anderer Güter |
| $\pi_n$ | für die Kinderanzahl relevanter Schattenpreis |
| $\pi_q$ | für die Qualität relevanter Schattenpreis |

ZU KAPITEL 4:

| | |
|---|---|
| A | Österreich |
| B | Belgien |
| BIP | Bruttoinlandsprodukt |
| D | Deutschland |
| DDR | Deutsche Demokratische Republik |
| DK | Dänemark |
| E | Spanien |
| EL | Griechenland |
| EU | Europäische Union |
| Eurostat | Statistisches Amt der Europäischen Gemeinschaften |
| F | Frankreich |
| FIN | Finnland |
| I | Italien |
| IRL | Irland |
| L | Luxemburg |
| NL | Niederlande |
| OECD | Organisation für wirtschaftliche Zusammenarbeit und Entwicklung |
| P | Portugal |
| r | geschätzter Maßkorrelationskoeffizient |
| S | Schweden |
| SOEP | Sozio-Oekonomisches Panel |
| UK | United Kingdom, Vereinigtes Königreich |
| $\rho$ | empirischer Korrelationskoeffizienten nach Bravais-Pearson |

ZU KAPITEL 5:

| | |
|---|---|
| a | Zeilenvektor |
| ADM | Arbeitsgemeinschaft Deutscher Marktforschungsinstitute |
| BLUE | best linear unbiased estimator |
| Cov | Kovarianz |
| CP-Modell | Classical-Pooling-Modell |

| | |
|---|---|
| D | Dummyvariable |
| DJI | Deutsches Jugendinstitut |
| e | Euler'sche Zahl |
| E | Erwartungswert |
| F | Verteilungsfunktion |
| FE-Modell | Fixed-Effects-Modell |
| FG | Freiheitsgrade |
| GLS | Generalized Least Squares |
| iid | identical, independently distributed |
| I | Einheitsmatrix |
| $LL_u$ | unrestringierte Log-Likelihood-Funktion |
| $LL_r$ | restringierte Log-Likelihood-Funktion |
| LM-Test | Lagrange-Multiplikator-Test |
| LSDV-Schätzer | Least-Squares-Dummy-Variable-Schätzer |
| M | Platzhalter |
| Max | maximaler Wert |
| Min | minimaler Wert |
| ML-Methode | Maximum-Likelihood-Methode |
| N | Anzahl der Untersuchungseinheiten, mit i = 1, ….., N |
| NV | Normalverteilung |
| OLS | ordinary least squares, Kleinst-Quadrat-Methode |
| P | Wahrscheinlichkeit |
| $\hat{q}$ | Differenz des RE-Schätzers und des FE-Schätzers |
| QR-Modelle | Qualitative Response-Modelle, Wahlhandlungsmodelle |
| $R^2$ | Determinationskoeffizient |
| RE-Modell | Random-Effects-Modell |
| $SSE_r$ | Sum of Squared Errors der restringierten Schätzung |
| $SSE_u$ | Sum of Squared Errors der unrestringierten Schätzung |
| $s_{\bar{x}}$ | Standardabweichung des arithmetischen Mittels |
| T | Anzahl an zeitlichen Beobachtungen, mit t = 1, ….., T |
| Var | Varianz |
| w | Störgröße |
| X | erklärende Variable, Regressor |
| $\bar{X}$ | arithmetisches Mittel |
| $\bar{X}_{ki.}$ | individuelle Abweichung vom Mittelwert |
| Y | zu erklärende Variable, Regressand; Ereignis |
| $Y_i^*$ | Indexvariable, Schwellenwert |
| z | Prüfgröße der Normalverteilung |

| | |
|---|---|
| $\alpha$ | Regressionskonstante; individuenspezifischen Effekt |
| $\beta$ | Regressionsparameter, mit j = 1, ….., K |
| $\hat{\beta}_{GLS}$ | RE-Schätzer |
| $\hat{\beta}_{LSDV}$ | FE-Schätzer |
| $\varepsilon$ | latente Variable, Fehlerterm, Störgröße |
| $\eta$ | latente Variable, Fehlerterm, Störgröße |
| | |
| $\iota$ | Einsenvektor |
| $\mu$ | individuenspezifische Störgröße, individueller Effekt |
| $\nu$ | zufällige Störgröße, reiner Zufallsprozess |
| $\sigma$ | Streuungsparameter |
| $\Phi$ | Verteilungsfunktion der Standardnormalverteilung |
| | |
| $\otimes$ | Kronecker-Produkt |
| ^ | geschätzter Wert |

# TABELLENVERZEICHNIS

# ABBILDUNGSVERZEICHNIS

# 1 EINLEITUNG

Dass die deutsche Bevölkerung schrumpft und altert, ist mittlerweile kein Geheimnis mehr. Nach der mittleren Variante der 10. koordinierten Bevölkerungsvorausberechnung[1] wird die Bevölkerungszahl von derzeit rund 82,5 Millionen auf 75 Millionen Einwohner im Jahr 2050 zurückgehen. Gleichzeitig wird der Anteil älterer Menschen über 60 Jahren an der Bevölkerung auf mehr als ein Drittel zunehmen. Der Anteil der 80-Jährigen und Älteren könnte im Jahr 2050 sogar bei ca. 12 % liegen. Demzufolge wird sich der Altersquotient drastisch vergrößern: Am Ende des Prognosezeitraums stehen 100 Personen im erwerbsfähigen Alter 71 Personen im Rentenalter gegenüber. Aktuell sind es 44. Eine wachsende Anzahl von Rentnern muss von einer stark schrumpfenden Anzahl junger, arbeitsfähiger Menschen versorgt werden. Die Aktiven müssen aber nicht nur die Älteren alimentieren, sondern auch die Jungen unter 20 Jahren versorgen. Daraus ergeben sich gravierende Finanzierungsprobleme für das auf dem Umlageverfahren basierende Sozialversicherungssystem.

Um die Finanzierung der Systeme der sozialen Sicherung langfristig sicherzustellen und der Alterung der Gesellschaft entgegenzuwirken, ist aus ökonomischer Sicht eine höhere Geburtenrate die elementare Voraussetzung. Denn die Geburtenrate ist die treibende Kraft und der wichtigste Bestimmungsgrund der langfristigen Bevölkerungsentwicklung. Gleichzeitig fordern Wirtschaftswissenschaftler auch eine stärkere Beteiligung der Frauen am Erwerbsleben, um den Rückgang des Arbeitskräfteangebots abzufedern.

Zur Erreichung der familienpolitischen Ziele „Erhöhung der Geburtenrate“ und „Steigerung der Erwerbstätigkeit von Frauen“ bedarf es der Erforschung der Gründe der bestehenden Defizite. Veröffentlichungen zu diesem Themenkomplex gibt es viele. Der Schwerpunkt der bisherigen Arbeiten liegt aber auf der deskriptiven Seite. Die Anzahl ökonometrischer Analysen ist begrenzt. Dieses Analysedefizit soll mit der vorliegenden Arbeit verringert werden. Eine zusätzliche Erweiterung der bisherigen Studien findet hinsichtlich der Berücksichtigung mehrerer erklärender Größen statt. Geburtenverhalten und Arbeitsmarktverhalten von Frauen werden nämlich von einer Vielzahl an Faktoren beeinflusst, sodass die Zusammenhänge nicht monokausal sind. Gefragt sind deshalb ursachenadäquate Maßnahmen, die in ein familienpolitisches Gesamtkonzept eingebettet sind. In der vorliegenden Arbeit wird ein solches Konzept entwickelt. Die Basis dafür bilden die Ergebnisse der statistisch-ökonometrischen Analysen.

---

[1] Statistisches Bundesamt (2003 a).

Die Arbeit gliedert sich in sieben Kapitel. Zunächst werden in Kapitel 2 notwendige Abgrenzungen zu den Begriffen der Fertilität - als Synonym der Geburtenzahl einer Frau - und der (Frauen-)Erwerbstätigkeit vorgenommen.

Kapitel 3 enthält die mikrotheoretischen Fundierungen zur Erklärung der Nachfrage nach Kindern und der individuellen Arbeitsangebotsentscheidung. Es wird gezeigt, dass sich aus der ökonomischen Theorie keine eindeutigen Hinweise ableiten lassen, wie das Fertilitätsverhalten und die Erwerbsbeteiligung von Frauen auf sich verändernde (ökonomische) Rahmenbedingungen reagieren.

Aus diesem Grunde folgt im vierten Kapitel eine empirische Herangehensweise an die Fragestellung. Mittels vergleichender deskriptiver Analysen für die vier Länder Deutschland, Frankreich, Italien und Schweden werden die Besonderheiten Deutschlands im europäischen Kontext herausgearbeitet. Beispiellos in Europa ist der frühe Beginn des Rückgangs deutscher Fertilitätsraten. Aktuell belegt Deutschland den letzten Platz im europäischen Fertilitätsvergleich. Besonders Besorgnis erregend ist, dass kein Aufwärtstrend erkennbar ist, da auch die gewünschte Kinderzahl in Deutschland unter das Bestandserhaltungsniveau gesunken ist. Weiter kann gezeigt werden, dass die in Deutschland zu beobachtende, niedrige Fertilitätsrate hauptsächlich auf den wachsenden Anteil kinderloser Frauen zurück zu führen ist. In keinem anderen Land der Welt bleiben so viele Frauen, im Besonderen die hoch qualifizierten, kinderlos wie in Deutschland. Dass die Kinderlosigkeit gerade bei den gut ausgebildeten Frauen besonders stark ausgeprägt ist, ist ein Indiz für die bestehenden Probleme, Beruf und Familie miteinander zu vereinbaren. So weist Deutschland innerhalb der analysierten Länder die vergleichsweise größte Differenz in der Beschäftigungsquote von Frauen mit und ohne Betreuungspflichten auf. Diese und weitere im vierten Kapitel gewonnene, deskriptive Befunde bilden zusammen mit Ergebnissen aus anderen Untersuchungen die Basis für die Spezifikation des ökonometrischen Modells im folgenden Kapitel.

Kapitel 5 enthält sodann die eigentliche quantitative Analyse. Es beginnt mit einer anwendungsorientierten Darstellung der theoretischen Grundlagen ökonometrischer Paneldaten-Modelle bei Vorliegen qualitativer Regressanden. In einem zweiten Teil wird der den Untersuchungen zugrunde liegende Datensatz - der Familiensurvey - ebenso wie die Auswahl und Operationalisierung der Variablen und Individuen für die Analyse vorgestellt. In die eigenen Untersuchungen gehen nur Daten westdeutscher Frauen aus allen drei Panelwellen des Familiensurveys (1988 – 1994 – 2000) ein. Es folgen die ökonometrischen Analysen zur

Identifikation der Determinanten, die einerseits die Fertilitätsentscheidung und andererseits die Entscheidung über die Partizipation am Arbeitsmarkt beeinflussen. Unterschiedliche Schätzungen für die Fertilität und die Erwerbstätigkeit werden vorgelegt. Neben einfachen Probit-Analysen für die einzelnen Erhebungsjahre kommen der Classical-Pooling-Ansatz und das Random-Effects-Probit-Modell zur Anwendung. Eine Zusatzuntersuchung für das Jahr 2000 trägt der eingeschränkten Variablenverfügbarkeit im Paneldatensatz Rechnung und erlaubt die Berücksichtigung zusätzlicher Determinanten. Das Kapitel schließt mit einer Zusammenfassung der Ergebnisse.

Aus diesen Ergebnissen lassen sich wirtschaftspolitische Handlungsempfehlungen ableiten, die als Credo für ein familienpolitisches Gesamtkonzept dienen. Die Eckpunkte eines solchen Konzeptes bilden das sechste Kapitel.

Die Arbeit endet mit den Schlussbemerkungen in Kapitel 7.

# 2 DEFINITIONEN

## 2.1 Der Fertilitätsbegriff und seine Messung

Demografische Prozesse bewirken eine Änderung der Bevölkerungsstruktur im Zeitverlauf. Die Fertilität (Fruchtbarkeit), die Mortalität (Sterblichkeit) und die Migration (Wanderung) sind die den demografischen Prozess bestimmenden Variablen. Die Letztere bezeichnet man als *räumliche* und die ersteren als *natürliche Bevölkerungsbewegungen*.[2] Während die Mortalität primär biologisch determiniert ist, beruht die Fertilität daneben auch auf sozialen und ökonomischen Rahmenbedingungen sowie persönlichen Entscheidungen. Die Fertilität ist die wichtigste Determinante der langfristigen Bevölkerungsentwicklung, weshalb sie im Zentrum dieser Arbeit steht.[3]

Fertilität bezeichnet die tatsächlich realisierte Anzahl der Lebendgeburten von Frauen. Sie ist zu unterscheiden vom biologischen Begriff der Fekundität (Fortpflanzungsfähigkeit). Fertilität im demografischen Sinne zielt auf das Ergebnis der Fortpflanzungsfähigkeit ab. Durch die Fertilität wird sowohl der Bevölkerungsbestand als auch dessen Struktur beeinflusst.[4]

Die Messung der Fertilität beruht auf der Zählung von Lebendgeborenen innerhalb eines bestimmten Zeitraumes (meist ein Kalenderjahr).[5] Für demografische Analysen orientiert man sich weniger an absoluten Größen. Man berechnet vielmehr Raten (auch Ziffern oder Quoten genannt), um intertemporäre und/oder internationale Vergleiche zu ermöglichen.[6] Raten berechnen sich als Quotient aus der Anzahl von Ereignissen oder Personen dividiert durch die Bezugspopulation und multipliziert mit einem Standardwert (meist 1000). Dabei beziehen sich *rohe* bzw. *allgemeine* Raten auf die Gesamtbevölkerung und *spezifische* Raten nur auf eine Teilgruppe (z.B. auf eine bestimmte Altersgruppe), die auf ein spezifisches Ereignis hin untersucht werden soll. Letztere erlauben Aussagen über den Strukturwandel einer Bevölkerung.[7]

---

[2] Vgl. Schulze, P.M. (2003), S. 374.
[3] Vgl. Bräuninger, D. / Gräf, B. / Gruber, K. / Neuhaus, M. / Schneider, S. (2002), S. 11.
[4] Vgl. Vogel, F. / Grünewald, W. (1996), S. 133.
[5] Vgl. Vogel, F. / Grünewald, W. (1996), S. 133.
[6] Vgl. Schulze, P.M. (2003), S. 374.
[7] Vgl. Schulze, P.M. (2003), S. 374.

Man erhält die *allgemeine Geburtenrate* b, indem die Anzahl der in einem Kalenderjahr Lebendgeborenen B ins Verhältnis zu 1000 Personen des zugehörigen Bevölkerungsbestandes P gesetzt wird:[8]

$$b = \frac{B}{P} \cdot 1000 \quad (2.1)$$

Da der Datenbedarf für die Berechnung von b relativ gering ist, wird das Maß häufig für internationale Vergleiche herangezogen. Ihre Abhängigkeit von der Bevölkerungsstruktur und der zeitlichen Verteilung der Geburten beeinträchtigt aber die Interpretationsmöglichkeit von b.[9]

Wird die Anzahl der Lebendgeborenen nicht auf den Bevölkerungsbestand, sondern auf 1000 Frauen im gebärfähigen Alter (meist 15 bis unter 45 Jahre) F bezogen, dann ergibt sich die *allgemeine Fertilitätsrate* f:[10]

$$f = \frac{B}{F} \cdot 1000 \quad (2.2)$$

Die allgemeine Fertilitätsrate ist im Gegensatz zur allgemeinen Geburtenrate nicht mehr von der Geschlechtsstruktur und der Altersstruktur der Frauen außerhalb des gebärfähigen Alters abhängig. Ein wesentlicher Nachteil ist hingegen ihre Abhängigkeit von der Altersstruktur der Frauen im gebärfähigen Alter.[11] *Altersspezifische Fertilitätsraten* vermeiden dies. Sie bezeichnen die Anzahl der von Frauen einer bestimmten Altersgruppe x lebend geborenen Kinder $B_x$ bezogen auf 1000 Frauen in der betreffenden Altersgruppe $F_x$ :[12]

$$f_x = \frac{B_x}{F_x} \cdot 1000 \quad (2.3)$$

Altersspezifische Fertilitätsraten sind die Grundlage für weitere Fertilitätsmaße, wie bspw. die Gesamtfertilitätsrate und die Reproduktionsrate. Die *Gesamtfertilitätsrate* (syn. zusammengefasste Geburtenziffer, engl. *Total Fertility Rate, TFR*) ergibt sich aus der Summe der altersspezifischen Fertilitätsraten:[13]

---

[8] Vgl. Schulze, P.M. (2003), S. 387.
[9] Vgl. Vogel, F. / Grünewald, W. (1996), S. 147.
[10] Vgl. Schulze, P.M. (2003), S. 389.
[11] Vgl. Vogel, F. / Grünewald, W. (1996), S. 148.
[12] Vgl. Schulze, P.M. (2003), S. 389.
[13] Vgl. Vogel, F. / Grünewald, W. (1996), S. 259.

(2.4) $$TFR = \sum_{x=15}^{44} f_x$$

Die TFR gibt an, wie viele Kinder von 1000 Frauen während ihres gebärfähigen Alters durchschnittlich geboren würden, wenn diese Frauen die für den betrachteten Zeitraum maßgeblichen altersspezifischen Fruchtbarkeitsverhältnisse aufweisen würden.[14] Die TFR ist ein zusammengesetztes und damit ein rein hypothetisches Maß.

Von besonderer Bedeutung für demografische Fragestellungen sind Reproduktionsraten. Diese messen, wie sich eine Bevölkerung bei bestimmten altersspezifischen Fertilitätsraten langfristig ändert.[15] Die *Bruttoreproduktionsrate* (BRR) gibt an, wie viele Töchter 1000 Frauen durchschnittlich zur Welt bringen würden, wenn die altersspezifischen Fertilitätsziffern eines gegebenen Jahres als konstant angenommen werden. Demzufolge ist die Bruttoreproduktionsrate die auf die Zahl der Töchter beschränkte Gesamtfertilitätsrate:[16]

(2.5) $$BRR = \sum_{x=15}^{44} f_x^M$$

Im Gegensatz zur Bruttoreproduktionsrate berücksichtigt die *Nettoreproduktionsrate* (NRR), dass ein Teil der Frauen bereits vor Ende ihres gebärfähigen Alters verstirbt. Die NRR berechnet sich aus der Summation der Produkte aus der Fertilitätsrate $f_x^M$ und der Überlebenswahrscheinlichkeit $p_x^M$ der Frauen des Alters x:[17]

(2.6) $$NRR = \sum_{x=15}^{44} f_x^M \cdot p_x^M$$

Sie gibt an, wie viele Töchter von 1000 Frauen durchschnittlich geboren würden unter Berücksichtigung der gegenwärtigen altersspezifischen Fertilitäts- und Sterberaten. Da die NRR unabhängig von der Altersstruktur der Bevölkerung ist,

---

[14] Häufig wird diese Maßzahl noch durch 1000 dividiert und gibt dann dementsprechend an, wie viele Kinder eine Frau durchschnittlich im Verlauf ihres gebärfähigen Alters zur Welt bringen würde, verhielte sie sich entsprechend den jeweils aktuellen Fertilitätsverhältnissen.

[15] Vgl. Schulze, P.M. (2003), S. 389.

[16] Vgl. Schulze, P.M. (2003), S. 389.

[17] Vgl. Schulze, P.M. (2003), S. 389 f.

gibt sie ein realistisches Bild der Reproduktionsfähigkeit. Bei gleich bleibenden Fertilitäts- und Sterblichkeitsverhältnissen und ohne Berücksichtigung der Migration spricht man bei einer Nettoreproduktionsrate von 1000 vom Erreichen des Ersatzniveaus der Fertilität. Eine Müttergeneration würde quantitativ vollständig durch die eigene Töchtergeneration ersetzt. Werte für NRR größer (kleiner) 1000 deuten auf eine wachsende (schrumpfende) Bevölkerung hin.[18]

Das *Ersatzniveau* einer Bevölkerung wird hingegen meist mittels der TFR bestimmt, welche auch die Jungengeburten berücksichtigt. In den meisten Industrieländern erreicht die Gesamtfertilitätsrate nicht mehr den Wert von 2,1 Kindern je Frau, ab dem sich die Zahl der Bevölkerung langfristig stabilisiert.

## 2.2 Der (Frauen-)Erwerbstätigkeitsbegriff und seine Messung

Die Erwerbstätigkeit von Personen kann anhand verschiedener Kriterien erfasst werden, woraus unterschiedliche Abgrenzungen der Erwerbsbevölkerung resultieren. Das *Erwerbskonzept* erfasst die Bevölkerung nach ihrer tatsächlichen Beteiligung am Erwerbsleben (vgl. Abb.1):[19]

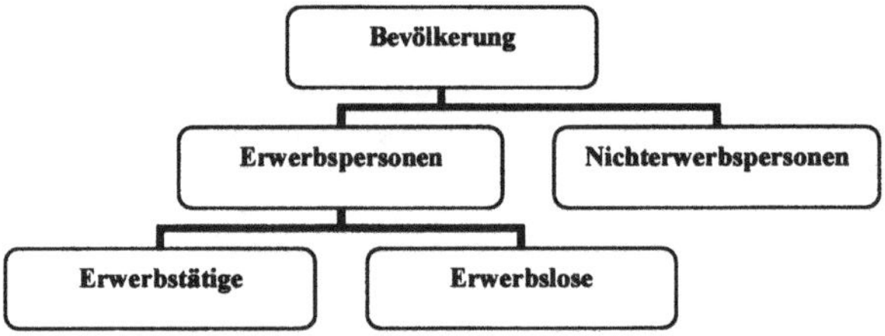


*Abb. 1: Schematische Darstellung des Erwerbskonzeptes; Eigene Darstellung.*

Die Bevölkerung wird dabei in Erwerbspersonen und Nichterwerbspersonen unterschieden. *Erwerbspersonen* sind Personen mit Wohnsitz im Bundesgebiet, die eine auf Erwerb gerichtete Tätigkeit ausüben oder suchen, unabhängig von der Arbeitszeit und der Höhe des Ertrages dieser Tätigkeit.[20] Unter *Nichterwerbspersonen* werden all jene Personen verstanden, die keine auf Erwerb gerichtete Tätigkeit ausüben oder suchen, folglich keine Erwerbspersonen sind. Die Er-

[18] Vgl. Schulze, P.M. (2003), S. 390.
[19] Vgl. Schulze, P.M. (2003), S. 370 f.
[20] Erhebungseinheit für die Erfassung der Erwerbstätigkeit ist die Person. Somit besteht ein grundlegender Unterschied zu der Anzahl der Beschäftigten, deren Erhebungseinheit die Arbeitsstätte ist. Vgl. hierzu Vogel, F. / Grünewald, W. (1996), S. 56.

werbspersonen werden weiter dahingehend untergliedert, ob sie einer auf Erwerb gerichteten Tätigkeit nachgehen (*Erwerbstätige*) oder ob sie lediglich eine solche suchen, unabhängig davon, ob sie beim Arbeitsamt gemeldet sind oder nicht (*Erwerbslose*).[21] Von Letzteren zu unterscheiden sind die Arbeitslosen. *Arbeitslose* sind Personen zwischen 15 und 65 Jahren ohne Arbeitsverhältnis, die nicht arbeitsunfähig erkrankt sind, bei der Bundesagentur für Arbeit als arbeitssuchend gemeldet sind und dieser jederzeit zur Verfügung stehen.[22]

Für Vergleichszwecke berechnet man Quoten, indem man die einzelnen Abgrenzungen zum Bevölkerungsstand ins Verhältnis setzt. Der mit 100 multiplizierte Quotient aus der Anzahl der Erwerbspersonen und dem Bevölkerungsstand zu einem bestimmten Zeitpunkt heißt *Erwerbsquote*. Sie gibt den prozentualen Anteil der Personen an der Bevölkerung an, die zum betrachteten Zeitpunkt entweder auf dem Arbeitsmarkt tätig oder bereit sind, dort tätig zu werden.[23] Die Erwerbsquote ist somit ein Maß für die Erwerbsbereitschaft einer Bevölkerung. Die *Erwerbstätigenquote* ist definiert als der prozentuale Anteil der Erwerbstätigen am Bevölkerungsstand zu einem bestimmten Zeitpunkt. Sie gibt an, wie viel Prozent einer Bevölkerung erwerbstätig sind.

Die Erwerbstätigkeit hängt von der Bevölkerungsstruktur, insbesondere vom Altersaufbau und der Geschlechterverteilung der Bevölkerung ab. Nimmt bspw. die Fertilität einer Bevölkerung zu, steigt c.p. die Anzahl der Personen in den unteren Altersklassen, wodurch sich die Erwerbs- und die Erwerbstätigenquote bei unveränderter Erwerbstätigkeit in den einzelnen Altersklassen verringert. Durch die Berechnung alters- und geschlechtsspezifischer Quoten wird die Bedeutung dieser Strukturmerkmale berücksichtigt.[24] Die *Frauenerwerbstätigenquote* ist somit definiert als der prozentuale Anteil der erwerbstätigen Frauen an der weiblichen Bevölkerung im Alter zwischen 15 und 65 Jahren im betreffenden Zeitraum.

Das international gebräuchliche Konzept zur Erfassung der Erwerbstätigkeit ist das von der Organisation für wirtschaftliche Zusammenarbeit und Entwicklung

---

[21] Vgl. Schulze, P.M. (2003), S. 371.

[22] Vgl. Vogel, F. / Grünewald, W. (1996), S. 20. Für eine ausführliche Diskussion zur Abgrenzungsproblematik und den verschiedenen Arten der Arbeitslosigkeit vgl. Bartling, H. / Luzius, F. (2004), S. 205 ff.

[23] Vgl. Vogel, F. / Grünewald, W. (1996), S. 115 ff.

[24] Vgl. Schulze, P.M. (2003), S. 373.

(OECD) empfohlene *Labour-Force-Konzept*.[25] Es unterscheidet sich vom Erwerbskonzept durch die Nichtberücksichtigung von mithelfenden Familienangehörigen, die weniger als 15 Stunden pro Woche arbeiten.[26] Eine in diesem Zusammenhang gängige Quote ist die *Female Labour Participation Rate (FLPR)*:[27]

(2.7) $$FLPR = \frac{female\ total\ labour\ force}{female\ total\ population, 15-64\ years}$$

[25] Neben der Gliederung nach dem Erwerbs- und dem Labour-Force-Konzept existiert eine Gliederung nach dem Unterhaltskonzept. Hierbei steht die Quelle des überwiegenden Lebensunterhaltes der Person im Mittelpunkt des Interesses. Vgl. hierzu Vogel, F. / Grünewald, W. (1996), S. 119.

[26] Vgl. Schulze, P.M. (2003), S. 372.

[27] Vgl. OECD, Labour Force Statistics (1995), S. 454.

# 3 ÖKONOMISCHE THEORIEN

## 3.1 Die Nachfrage nach Kindern

Lange Zeit war die Familie kein interessierender Untersuchungsgegenstand ökonomischer Analysen. Weder in Adam Smiths „Wealth of Nations" (1776) noch in John Stuart Mills „Principles of Political Economy" (1848) finden sich mehr als beiläufige Bemerkungen über die Funktionsweise von Familien. Das mag daran liegen, dass bis zum frühen 20. Jahrhundert die Rollen in den Familien eindeutig verteilt waren. Es bestand eine klare Arbeitsteilung zwischen den Geschlechtern: Die Ehemänner gingen dem Einkommenserwerb nach, und die Ehefrauen besorgten die Hausarbeit sowie die Erziehung und Betreuung der Kinder. Erst als vor wenigen Jahrzehnten verheiratete Frauen verstärkt auf den Arbeitsmarkt drängten, die Scheidungsraten zunahmen und die Fertilitätsraten in fast allen westlichen Ländern unter das Reproduktionsniveau sanken, haben sich einzelne Ökonomen mit Bevölkerungsfragen auseinander gesetzt. Besonders hervor getan hat sich Gary S. Becker mit seinem Werk *The Economic Approach to Human Behavior* (1976).

Beckers Ansatz ist eine verspätete Reaktion auf das Versagen der malthusischen Theorie zur Erklärung der Fertilität des 19. und 20. Jahrhunderts in Europa. Trotz Zunahme der Pro-Kopf-Einkommen in diesem Zeitraum sanken die Geburtenraten.[28] Nach Malthus Theorie des Bevölkerungswandels von 1798[29] gehen die Geburtenraten aber dann zurück, wenn die Rate des Bevölkerungswachstums die Rate des Wachstums der Nahrungsmittel übersteigt und damit die wirtschaftlichen Umstände ungünstiger werden. In diesem Fall sprach er sich für ein späteres Heiratsalter aus und somit für weniger Möglichkeiten, Kinder in die Welt zu setzen.[30]

Gary S. Becker verallgemeinerte die Theorie von Malthus und entwickelte sie weiter, indem er die interfamiliäre Entscheidung für Kinder als Nutzenmaximierungsproblem unter Berücksichtigung einer Budgetrestriktion versteht. Der Nutzen U einer Familie hängt dabei ab von der Anzahl der Kinder n und einer Summe anderer Güter Z:[31]

---

[28] Birg, H. bezeichnet dieses Phänomen als demografisch-ökonomisches Paradoxon. Vgl. hierzu Birg, H. (2001), S. 42 ff.

[29] Malthus, T.H. (1966).

[30] Malthus Ansichten beeinflussten auch die Evolutionstheorie von Charles Darwin von 1872. Vgl. hierzu Becker, G.S. (1993), S. 136 f.

[31] Vgl. Becker, G.S. (1993), S. 137 f.

(3.1) $$U = U(n, Z)$$

Familien ziehen ihre eigenen Kinder denen anderer Leute vor. Sie können ihre Kinder ohnehin nicht käuflich erwerben, sondern „produzieren" diese selbst. Kinder verursachen mithin Kosten. Neben den direkten Kosten für Kleidung, Ernährung, Bildung usw. entstehen den Eltern - insbesondere den Müttern - indirekte Kosten in Form von Zeit, die für alternative Verwendungen (z.B. entlohnte Arbeit) nicht mehr zur Verfügung steht.[32] Bezeichnet man die mit einer Einheit von n verbundenen Kinderkosten mit $p_n$ und die Kosten einer Einheit der anderen Güter mit $\pi_z$, sehen sich Eltern folgender Budgetrestriktion gegenüber:[33]

(3.2) $$p_n \cdot n + \pi_z \cdot Z = I,$$

wobei I das Einkommen der Familie bezeichnet. Sowohl für n als auch für Z werden sinkende Grenznutzen angenommen.[34] Die optimalen Güterquantitäten ergeben sich durch (3.2) und die Grenznutzenbedingung:[35]

(3.3) $$\frac{\partial U}{\partial n} \bigg/ \frac{\partial U}{\partial Z} = \frac{p_n}{\pi_z}$$

Da Kinder in diesem Sinne wie normale Güter aufgefasst werden, beeinflusst ihr Preis die Nachfrage. Mit steigendem Preis geht die Nachfrage nach Kindern zurück, was als *negativer Preiseffekt* bezeichnet wird:[36]

(3.4) $$\frac{\partial n}{\partial p_n} < 0$$

Die Nachfrage nach Kindern wird aber nicht nur durch deren Preis beeinflusst, sondern auch durch das reale Einkommen. Die Annahme einer konkaven Nutzenfunktion besagt, dass die Nachfrage nach Kindern mit Einkommenssteigerungen zunimmt (*positiver Einkommenseffekt*):[37]

---

[32] Man spricht in diesem Fall von Opportunitätskosten.
[33] Vgl. Becker, G.S. (1993), S. 138.
[34] Vgl. Becker, G.S. (1996), S. 139.
[35] Vgl. Becker, G.S. (1993), S. 138.
[36] Vgl. Becker, G.S. (1996), S. 139.
[37] Vgl. Becker, G.S. (1996), S. 139.

$$(3.5) \qquad \frac{\partial n}{\partial I} > 0$$

Steigende Einkommen erhöhen aber auch die (Opportunitäts-)Kosten von Kindern, weil die Zeit, die nicht für Erwerbsarbeit aufgebracht werden kann, wertvoller wird.[38] Dieser induzierte *negative Substitutionseffekt* kann den positiven Einkommenseffekt übersteigen.[39]

Selbst wenn der „wahre" Einkommenseffekt auf die Fertilität signifikant positiv ist, können Einkommenssteigerungen einen negativen Effekt auf die Fertilität ausüben. Zum Verständnis dieses Phänomens ist es hilfreich, die Modellgleichungen (3.1) und (3.2) um die Interaktion zwischen Quantität und Qualität zu erweitern. Es wird im Folgenden angenommen, dass neben der Anzahl der Kinder n auch die Qualität q dieser in die Nutzenfunktion der Eltern eingeht:

$$(3.6) \qquad U = U(n, q, Z)$$

Die Qualität eines Kindes umfasst alle Merkmale, die die kindbezogenen Ausgaben erhöhen.[40] Qualität wird empirisch gemessen durch bspw. die Bildung oder den Gesundheitszustand eines Kindes.[41] Es wird angenommen, dass alle Kinder einer Familie die gleiche Qualität aufweisen und dass diese vollständig von der Familie unter Einsatz ihrer eigenen Zeit und den zur Verfügung stehenden Marktgütern produziert wird. Bezeichnet $p_c$ die fixen Kosten einer Einheit an Qualität und somit $p_c \cdot q \cdot n$ den Gesamtbetrag, der für Kinder ausgegeben wird, lautet die neue Budgetrestriktion:[42]

$$(3.7) \qquad p_c \cdot q \cdot n + \pi_z \cdot Z = I$$

Die Nichtlinearität von (3.7) bzgl. der Güter, die in die Nutzenfunktion eingehen, ist verantwortlich für die Wechselwirkung zwischen der Quantität und der

[38] Dieser entgangene Wert der für die Kindererziehung aufgewendeten Zeit macht in modernen Wirtschaften deutlich mehr als die Hälfte der Gesamtkosten aus. Vgl. hierzu Espenshade, T.J. (1984).

[39] Untersuchungen für verschiedene Länder kommen zu dem Ergebnis, dass der negative Effekt gestiegener Lohnsätze verheirateter Frauen auf deren Fertilität den positiven Effekt eines größeren Familieneinkommens dominiert. Vgl. hierzu Becker, G.S. (1996), S. 141, darin Cigno, A. (1991).

[40] Vgl. Becker, G.S. (1976), S. 173.

[41] Vgl. Becker, G.S. (1996), S. 105.

[42] Vgl. Becker, G.S. (1993), S. 145.

Qualität von Kindern. Maximierung von (3.6) unter der Nebenbedingung der Budgetrestriktion liefert die Gleichgewichtsbedingungen:[43]

(3.8)
$$\frac{\partial U}{\partial n} = \lambda \cdot p_c \cdot q = \lambda \cdot \pi_n$$
$$\frac{\partial U}{\partial q} = \lambda \cdot p_c \cdot n = \lambda \cdot \pi_q$$
$$\frac{\partial U}{\partial Z} = \lambda \cdot \pi_Z$$

$\pi_n$ und $\pi_q$ bezeichnen die für die Anzahl n und die Qualität q relevanten Schattenpreise[44]. Jeder Schattenpreis hängt ab von den Kosten einer Qualitätseinheit $p_c$. Zusätzlich wird $\pi_n$ von q und $\pi_q$ von n beeinflusst. Anzahl und Qualität der Kinder stehen also in Wechselwirkung zueinander, nicht weil sie in der Nutzenfunktion nahe Substitute wären, sondern weil der Schattenpreis der Quantität zum Teil durch die Qualität determiniert wird und umgekehrt. Aus (3.7) und (3.8) ergeben sich folgende Nachfragefunktionen in Abhängigkeit von den Schattenpreisen und vom Schatteneinkommen R:[45]

(3.9)
$$\left.\begin{array}{l} n = d_n(\pi_n, \pi_q, \pi_z, R) \\ q = d_q(\pi_n, \pi_q, \pi_z, R) \\ Z = d_z(\pi_n, \pi_q, \pi_z, R) \end{array}\right\} \text{mit } R = \pi_q \cdot q + \pi_n \cdot n + \pi_z \cdot Z$$

Diese Nachfragefunktionen weisen die bekannten Substitutions- und Einkommenseffekte auf. Bspw. führt eine Erhöhung des Schattenpreises der Qualität $\pi_q$ c.p. zu einer Reduktion der eigenen nachgefragten Menge.

(3.8) und (3.9) dienen der Veranschaulichung der Interaktionseffekte zwischen n und q. Man stelle sich - bei Konstanz der übrigen Faktoren - einen exogenen Rückgang der Kinderanzahl vor, welcher laut (3.8) den Schattenpreis der Qualität $\pi_q (= n \cdot p_c)$ senkt, wodurch die Nachfrage nach q zunimmt. Dieser Nachfrageanstieg erhöht den Schattenpreis von n, weil dieser laut (3.8) von q abhängt. Der gestiegene Schattenpreis $\pi_n$ reduziert die Nachfrage nach der Kinderanzahl

[43] Vgl. Becker, G.S. (1993), S. 145.
[44] Als Schattenpreis bezeichnet man die Opportunitätskosten der Verwendung von Produktionsfaktoren oder Gütern.
[45] Vgl. Becker, G.S. (1993), S. 145.

weiter, was wiederum zum weiteren Absinken von $\pi_q$ führt, usw. Diese Interaktion schreitet voran, bis ein neues Gleichgewicht erreicht ist.

Die Wechselwirkung zwischen der Quantität und der Qualität von Kindern kann erklären, warum bereits kleine exogene Rückgänge der Fertilität mit deutlichen Verbesserungen der Bildung, des Gesundheitszustandes und anderer Determinanten der Qualität von Kindern einhergehen können. Geht man nun davon aus, dass mit steigenden Einkommen die Ausgaben für Kinder und damit deren Qualität zunehmen,[46] liefert Beckers Theorie einen Beitrag zur Erklärung des zu Beginn dieses Jahrhunderts beobachteten sog. *ökonomisch-demografischen Paradoxons*: Bei steigenden Einkommen sinken die Geburtenraten - und die Qualität der Kinder nimmt zu.

Zusammenfassend lässt sich festhalten, dass Beckers Theorieansatz keine allgemeingültige Antwort auf die Frage liefert, wie steigende Einkommen auf die Fertilität wirken. Welcher der genannten Effekte letztlich überwiegt, hängt von den individuellen Präferenzen der Eltern ab.

## 3.2 Das individuelle Arbeitsangebot

Die individuelle Arbeitsangebotsentscheidung umfasst zwei Dimensionen. Zum einen entscheidet das Individuum, ob es sich überhaupt am Arbeitsmarkt beteiligt. Zum anderen trifft es eine Entscheidung darüber, wie es seine insgesamt zur Verfügung stehende Zeit zwischen den beiden sich gegenseitig ausschließenden Aktivitäten Arbeit und Freizeit aufteilt. Arbeit schließt alle Stunden ein, in denen das Individuum einer bezahlten Tätigkeit nachgeht. Freizeit umfasst alle anderen Tätigkeiten, die nichts mit Arbeit zu tun haben.[47] Da nach dieser Definition Arbeit und Freizeit zwei Seiten derselben Medaille sind, kann die Arbeitsangebotsentscheidung auch als Nachfrage nach dem Gut Freizeit aufgefasst werden. Somit kann die neoklassische Theorie der Konsumentscheidungen für die Analyse der individuellen Arbeitsangebotsentscheidung genutzt werden. Der Theorie der Konsumentscheidung folgend, hängt die Nachfrage nach dem Gut Freizeit von verschiedenen Faktoren ab. Erstens misst der am Markt erzielbare Lohnsatz den *Preis*, mit dem die Freizeit bewertet wird. Freizeit verursacht mit-

---

[46] Vgl. Becker, G.S. (1976), S. 176.

[47] Diese Annahme stellt das Grundmodell dar. In einem erweiterten Modell kann das Individuum zwischen den drei Tätigkeitsalternativen Freizeit, bezahlte Arbeit und unbezahlte Arbeit (wie Hausarbeit und Kindererziehung usw.) entscheiden.

hin Opportunitätskosten in Form von entgangenem Arbeitslohn. Zweitens steigt die Nachfrage nach Freizeit mit dem *Einkommen*, Freizeit ist also ein *normales Gut*. Drittens verändern Verschiebungen in den *Präferenzen* des Individuums seine Nachfrage nach Freizeit.[48] Die individuelle Entscheidung über das Arbeitangebots ist somit das Ergebnis des Zusammenspiels der Präferenzen, des Lohnsatzes und des Einkommens.

### 3.2.1 Die Partizipationsentscheidung

Beginnend mit der ersten Dimension des Arbeitsangebots, ist es das Ziel des Individuums, seinen Nutzen U zu maximieren. Dieser ist eine steigende Funktion seines Einkommens Y und eine fallende Funktion der Arbeitsstundenanzahl H:

(3.10) $$U = U(Y, H)$$

Das Einkommen des Individuums setzt sich zusammen aus einem fixen, arbeitsunabhängigen Bestandteil $Y_0$ und dem Arbeitseinkommen. Letzteres ist das Produkt der Arbeitsstunden H mit dem Lohnsatz pro Stunde w:

(3.11) $$Y = Y_0 + H \cdot w \quad \text{bzw.} \quad Y - Y_0 = H \cdot w$$

Da das Individuum nicht die ganze ihm zur Verfügung stehende Zeit T für Arbeit aufwendet, sondern auch Bedürfnissen wie bspw. Schlafen und Essen nachgeht, gilt:

(3.12) $$T > H$$

Zur Lösung des Nutzenmaximierungsproblems unter Berücksichtigung der Budgetrestriktion, stellt man aus (3.10) und (3.11) eine Lagrange-Funktion auf, bildet die partiellen Ableitungen und setzt diese gleich Null. Durch mathematische Umformungen erhält man die Gleichgewichtsbedingung:[49]

(3.13) $$H_{opt} = 0, \text{ wenn } w < \frac{\partial U / \partial L}{\partial U / \partial Y} = MRS$$

MRS bezeichnet dabei die *Grenzrate der Substitution* (marginal rate of substitution) zwischen Freizeit L und Einkommen Y und misst das Verhältnis, zu dem

---

[48] Vgl. Kaufman, B.E. / Hotchkiss, J.L. (2000), S. 46.
[49] Vgl. Kaufman, B.E. / Hotchkiss, J.L. (2000), S. 168 f.

das Individuum bereit ist, Freizeit gegen Einkommen zu tauschen. Damit ist die MRS ein Maß für den Grenznutzen der Freizeit. Die Grenzrate der Substitution bei einem Arbeitsangebot von null Stunden wird als *Reservationslohn* bezeichnet. Dieser gibt den Betrag an, den das Individuum verlangt, damit es die erste Arbeitsstunde anbietet. Damit ein Individuum am Arbeitsmarkt partizipiert, muss folglich der Marktlohnsatz für eine Stunde Freizeit (w) größer sein als der Reservationslohn. Ist der Marktwert der Freizeit kleiner als der Grenznutzen, den das Individuum der Freizeit beimisst (MRS), wird es seine Arbeitskraft nicht anbieten ($H_{opt} = 0$), weil der Nutzenverlust bei Aufgabe einer Stunde Freizeit größer ist als der durch die Einkommenserzielung erreichbare Nutzenzuwachs.

Solange ein Individuum (noch) keine Arbeit anbietet, erhöht unter sonst gleich bleibenden Bedingungen jede Steigerung des Marktlohnsatzes w die Partizipationswahrscheinlichkeit, weil jede Stunde, in der das Individuum nicht arbeitet, zunehmend teurer wird. Bei einer hinreichend großen Marktlohnsteigerung übersteigt w irgendwann den Reservationslohn und das Individuum wird am Arbeitsmarkt partizipieren. Dieser Effekt wird als (positiver) *Substitutionseffekt* bezeichnet.

Da angenommen wird, dass Freizeit ein normales Gut ist, führt c.p. eine Steigerung im arbeitsunabhängigen Einkommen $Y_0$ dagegen zu einer Verringerung der Partizipationswahrscheinlichkeit (*negativer Einkommenseffekt*).

### 3.2.2 Die Entscheidung über die Anzahl angebotener Arbeitsstunden

Zur Analyse der zweiten Dimension des Arbeitsangebots, der Entscheidung über die Anzahl der angebotenen Arbeitsstunden, ist es hilfreich, (3.10) umzuformulieren:[50]

(3.14) $$U = U(Y, L)$$

Die Nutzenfunktion des Individuums ist weiterhin eine steigende Funktion des Einkommens, hängt nun aber auch positiv vom Umfang der Freizeit ab. Ziel des Individuums ist, die Kombination aus Y und L zu wählen, die ihm den größten Nutzen verschafft unter Berücksichtigung der Budget- und Zeitrestriktion:

[50] Vgl. auch im folgenden Kaufman, B.E. / Hotchkiss, J.L. (2000), S. 103 ff.

(3.15) $Y = (T - L) \cdot w$ bzw. $Y - (T - L) \cdot w = 0$

(3.16) $T \geq L$

Die Budgetrestriktion (3.15) verdeutlicht den Zielkonflikt zwischen Einkommen und Freizeit bei der Maximierung des Nutzens. Das Optimierungsproblem wird erneut über die Lagrange-Funktion gelöst:

(3.17) $F(Y, L, \lambda) = U(Y, L) + \lambda[Y - (T - L) \cdot w]$

Die Werte für Y, L und $\lambda$, bei denen der Nutzen maximal wird, erhält man wiederum über die partielle Ableitung von (3.17) und Nullsetzen dieser:

(3.18) $\partial U / \partial Y + \lambda_{opt} = 0$

(3.19) $\partial U / \partial L + \lambda_{opt} \cdot w = 0$

(3.20) $Y_{opt} - (T - L_{opt}) \cdot w = 0$

Umformen und Gleichsetzen von (3.18) und (3.19) ergibt:

(3.21) $\frac{\partial U / \partial L}{\partial U / \partial Y} = w$ bzw. $MRS = w$

Die Kombination aus Freizeit und Einkommen, die (3.21) erfüllt, stiftet bei gegebenem Marktlohnsatz dem Individuum den größtmöglichen Nutzen. Die Grenzrate der Substitution gibt auch hier die Rate an, mit der das Individuum bereit ist, Freizeit gegen Einkommen zu tauschen.

Da wie eingangs erwähnt, Freizeit und Arbeit zwei Kehrseiten der gleichen Medaille sind ($H = T - L$), kann das Arbeitsangebot des Individuums auch als Funktion des Lohnsatzes und des Einkommens ausgedrückt werden, wobei h die am Markt angebotenen Arbeitsstunden angibt:[51]

(3.22) $H = h(w, Y)$

Leitet man (3.22) nach dem Lohnsatz ab, ergibt sich:

[51] Vgl. Kaufman, B.E. / Hotchkiss, J.L. (2000), S. 105 f.

(3.23) $$\frac{\partial H}{\partial w} = \frac{\partial h}{\partial w} + \frac{\partial h \cdot \partial Y}{\partial Y \cdot \partial w}$$

Unter Berücksichtigung, dass $Y = H \cdot w$ und mithin $\frac{\partial Y}{\partial w} = H$ ist, kann (3.23) geschrieben werden als:

(3.24) $$\frac{\partial H}{\partial w} = \frac{\partial h}{\partial w} + H \cdot \frac{\partial h}{\partial Y}$$

Mithilfe von (3.24) lässt sich die Wirkung von Parameteränderungen auf die Anzahl angebotener Arbeitsstunden analysieren. Der hintere Teil der rechten Seite von (3.24) bildet die Veränderung der Arbeitsstunden aufgrund einer Einkommensänderung ab. Steigt c.p. das arbeitsunabhängige Einkommen, kommt der (negative) Einkommenseffekt zum Tragen. Aufgrund des erhöhten Einkommens nimmt die Nachfrage nach dem (normalen) Gut Freizeit zu, womit zwangsläufig der Umfang angebotener Arbeit zurückgehen muss. Da annahmegemäß der Lohnsatz unverändert bleibt, fällt der vordere Teil der rechten Seite von (3.24) weg. Die Wirkung einer Erhöhung des arbeitsunabhängigen Einkommens auf die Anzahl angebotener Arbeitsstunden ist eindeutig: Das Individuum schränkt sein Arbeitsangebot ein.

Nicht eindeutig ist hingegen die Wirkung einer Erhöhung des Marktlohnsatzes auf das Arbeitsangebot. Bietet das Individuum eine konstante Anzahl an Arbeitsstunden an, führt einerseits ein gestiegener Marktlohnsatz zu einem höheren Einkommen. Dieses höhere Einkommen verleitet das Individuum dazu, mehr Freizeit nachzufragen und somit weniger Arbeitsstunden anzubieten (*negativer Einkommenseffekt*). Andererseits erhöht ein gestiegener Marktlohnsatz aber auch die Opportunitätskosten der Freizeit. Das Individuum wird folglich weniger von dem teurer gewordenen Gut Freizeit nachfragen und eine größere Anzahl an Arbeitsstunden am Markt anbieten (*positiver Substitutionseffekt*). Der erste Summand auf der rechten Seite des Gleichheitszeichens von (3.24) spiegelt den Substitutionseffekt und der zweite Summand spiegelt den Einkommenseffekt wider. Da die beiden Effekte ambivalent wirken, bleibt der Gesamteffekt einer Lohnerhöhung auf die Anzahl der angebotenen Arbeitsstunden eines Individuums unklar. Ob das Individuum infolge einer Erhöhung seines Marktlohnsatzes mehr oder weniger Arbeit anbietet, hängt vom bisherigen Einkommen und seinen individuellen Präferenzen ab. Mithin scheint die oben dargestellte Partizipationsentscheidung sensitiver auf Marktlohnveränderungen zu reagieren als die hier erläuterte Entscheidung über die angebotenen Arbeitsstunden.[52]

### 3.3 Das Haushaltsmodell

Der Entscheidungsträger im oben dargestellten neoklassischen Modell zur Erklärung des Arbeitsangebots ist das Individuum. Der Modellrahmen lässt sich auf die Arbeitsangebotsentscheidung im familiären Kontext erweitern. In diesem erweiterten Haushaltsmodell ist die Familie der Entscheidungsträger.[53] Eine Familie setzt sich aus einem Mann und einer Frau und eventuell einem Kind oder mehreren Kindern zusammen.[54] Sowohl dem Mann als auch der Frau stehen drei alternative Zeitverwendungen zur Verfügung: Entweder sie bieten ihre Zeit auf dem *Arbeitsmarkt* an oder sie verbringen ihre Zeit mit *Hausarbeit*[55] oder *Freizeit*. Ziel der Familie ist es, die Zeit jedes Mitgliedes so auf die drei Alternativen zu verteilen, dass der Gesamtnutzen der Familie maximal wird. Die möglichen Kombinationen aus Arbeit, Hausarbeit und Freizeit werden beschränkt durch den individuellen Lohnsatz der einzelnen Familienmitglieder, dem arbeitsunabhängigen Familieneinkommen und dem Gesamtbetrag an verfügbarer Zeit.

Anhand dieser bestimmenden Faktoren lassen sich die Wirkungen von Parameteränderungen auf das Arbeitsangebot der Familie analysieren. Eine Erhöhung des arbeits-unabhängigen Familieneinkommens - bspw. durch eine Erbschaft - setzt einen negativen Einkommenseffekt frei, der zu einer verstärkten Freizeitnachfrage führt. Ob im Gegenzug Mann und/oder Frau ihre Erwerbsarbeit und/oder die Aufteilung der Hausarbeit zwischen sich neu aufteilen, kann - ohne weitere Annahmen - im Rahmen dieses Modells nicht beantwortet werden.

Bei der Wirkungsanalyse einer Steigerung des Lohnsatzes, den die Frau am Markt erzielen könnte,[56] muss unterschieden werden, ob sie bereits am Arbeitsmarkt partizipiert oder nicht. Befindet sie sich vor der Lohnsatzsteigerung außerhalb des Arbeitsmarktes, erhöht sich mit der Lohnsatzsteigerung die Wahr-

---

[52] Vgl. Kaufman, B.E. / Hotchkiss, J.L. (2000), S. 123.

[53] Vgl. auch hier im folgenden Kaufman, B.E. / Hotchkiss, J.L. (2000), S. 124 ff.

[54] Es wird im Folgenden davon ausgegangen, dass evtl. vorhandene Kinder noch zu jung sind, um zu arbeiten und deshalb ihre Zeit für den Haushalt nicht zur Disposition steht.

[55] Unter „Hausarbeit" sind alle unbezahlten Tätigkeiten im Haushalt, wie Putzen, Kochen usw. und Kinderbetreuung zusammengefasst.

[56] Die hier dargestellten Parameteränderungen sind symmetrisch in dem Sinne, dass Steigerungen im Lohnsatz des Mannes die entsprechend spiegelbildlichen Effekte hervorrufen würden. Vgl. hierzu Kaufman, B.E. / Hotchkiss, J.L. (2000), S. 137.

scheinlichkeit, dass sie am Arbeitsmarkt partizipiert. Wenn sich der Lohnsatz so weit erhöht, dass er ihren Reservationslohn übersteigt, wird auch sie ihre Arbeitskraft außerhalb des Hauses anbieten (positiver Substitutionseffekt). Bot sie bereits in der Ausgangssituation ihre Arbeitskraft auf dem Arbeitsmarkt an, setzt die Lohnsatzsteigerung mehrere ambivalent wirkende Effekte frei. Zum einen führt ein höherer Lohnsatz bei gleich bleibendem Arbeitsangebot zu höherem Einkommen. Dieses verstärkt über den negativen Einkommenseffekt ihre Nachfrage nach Freizeit und verringert den Umfang angebotener Arbeitsstunden. Zum anderen erhöht der gestiegene Marktlohn aber auch die Opportunitätskosten der Zeit, die sie nicht auf dem Arbeitsmarkt zubringt, weshalb sie nun weniger Zeit für Hausarbeit und Freizeit aufwenden wird (positiver Substitutionseffekt). Der Gesamteffekt der Erhöhung des Marktlohnsatzes der Frau hängt von der relativen Größe des Einkommens- und Substitutionseffektes ab.

Die Marktlohnsteigerung der Frau hat im Haushaltsmodell aber auch Auswirkung auf das Arbeitsangebot ihres Mannes. Bei unverändertem Arbeitsangebot seinerseits wirkt die Lohnsatzsteigerung seiner Frau wie eine Erhöhung des arbeitsunabhängigen Einkommens. Das bedeutet, er wird weniger Arbeit auf dem Arbeitsmarkt und zu Hause anbieten und lieber mehr Freizeit konsumieren. Neben diesem zweiten negativen Einkommenseffekt kommt ein weiterer, neuer Effekt zum Tragen: der *Kreuz-Substitutionseffekt.* Dieser misst die Veränderung im Umfang der von Person j angebotenen Arbeit, die bei konstantem Familieneinkommen durch eine Lohnsatzänderung bei Person i hervorgerufen wird.[57] Das Vorzeichen des Kreuz-Substitutionseffektes kann positiv oder negativ sein. Es hängt davon ab, ob das Arbeitsangebot von Mann und Frau *Substitute* oder *Komplemente* sind. Sind sie Substitute, wird er weniger Arbeit auf dem Arbeitsmarkt anbieten, wenn sie mehr Arbeit anbietet (negativer Kreuz-Substitutionseffekt).[58] Hat bspw. Freizeit für beide nur dann einen Wert, wenn sie sie gemeinsam verbringen können, wird der Mann mehr arbeiten, sobald die Frau das auch tut. In diesem Fall wären das Arbeitsangebot von Mann und Frau Komplemente und der Kreuz-Substitutionseffekt hätte ein positives Vorzeichen. Der theoretische Modellrahmen allein lässt offen, ob der Kreuz-Substitutionseffekt positiv oder negativ ist und liefert somit per se keine Ant-

[57] Vgl. Kaufman, B.E. / Hotchkiss, J.L. (2000), S. 127.

[58] Es ist davon auszugehen, dass der Kreuz-Substitutionseffekt dann negativ ist, wenn das Paar Kinder hat. Eine Steigerung des Lohnsatzes und Arbeitsangebotes eines Elternteils, zwingt – bei mangelnden Kinderbetreuungsmöglichkeiten – den anderen Partner zur Reduktion seines Arbeitspensums.

wort auf die Frage, wie Lohnsatzsteigerungen der Frau auf ihr Arbeitsangebot und das ihres Mannes wirken.

In diesem Kapitel wurde die ökonomische Nutzenmaximierungstheorie zum einen auf die Nachfrage nach Kindern (Kapitel 3.1) und zum anderen auf das Arbeitsangebot (Kapitel 3.2) angewendet. Es darf dabei einerseits nicht unerwähnt bleiben, dass die Analyse der Nachfrage nach Kindern aus rein ökonomischem Nutzenkalkül viel zu kurz greift. Der von Kindern ausgehende Nutzen hat mehrere Dimensionen, wovon der ökonomisch-utilitaristische Nutzen nur eine darstellt.[59] Andererseits wurde hier gezeigt, dass sich aus der ökonomischen Theorie allein keine eindeutigen Hinweise ableiten lassen, wie das Fertilitätsverhalten und die Erwerbsbeteiligung von Frauen auf sich verändernde (ökonomische) Rahmenbedingungen reagieren. Deshalb folgt im nächsten Kapitel eine empirische Herangehensweise an die Fragestellung.

[59] In der Literatur werden daneben noch der psychische Nutzen und der sozial-normative Nutzen genannt. Vgl. hierzu Kopp, J. (2002), S. 89.

# 4 EMPIRISCHE BEFUNDE

## 4.1 Das Fertilitätsverhalten in ausgewählten europäischen Ländern

Die in diesem Kapitel vorgenommenen empirischen Analysen zur Geburtenentwicklung im europäischen Vergleich basieren größtenteils auf Daten des Statistischen Amtes der Europäischen Gemeinschaften (Eurostat), der Organisation für wirtschaftliche Zusammenarbeit und Entwicklung und des Statistischen Bundesamtes.[60] Abbildung 2 zeigt die zeitliche Entwicklung der *Total Fertility Rate (TFR)* in der gesamtem EU-15 zwischen 1960 und 2002:[61]

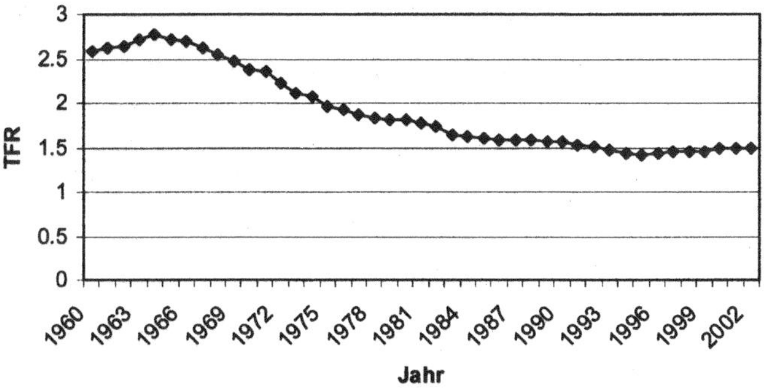


*Abb. 2: TFR in EU-15, 1960-2002; Quelle: Eurostat (2002 a) und Eurostat (2004).*

Ausgehend von einem Anfangsniveau von 2,6 Kindern je Frau sank die TFR zwischen 1966 und 1995 kontinuierlich ab. 1974 unterschritt sie dabei erstmals die magische Grenze von 2,1 Kindern pro Frau[62]. Seit 1996 verzeichnet die Gesamtfertilitätsrate wieder einen mäßigen Anstieg ohne dabei aber erneut auch nur in die Nähe der Bestanderhaltungsgrenze zu gelangen. Aktuell werden von jeder Frau in der EU-15 durchschnittlich 1,5 Kinder geboren. Die Spannweite zwischen den einzelnen Mitgliedsländern ist dabei erheblich. Kamen die irischen Frauen 2002 im Durchschnitt auf 1,97 Kinder, schafften es die Südeuropäerinnen (Griechenland, Spanien und Italien) nicht mal auf 1,3 Kinder je Frau.[63] Ein im Vergleich zum EU-15-Durchschnitt noch niedrigeres Niveau wei-

[60] Die Analysen haben rein deskriptiven Charakter. Sie sollen die Entwicklungen in den einzelnen Ländern aufzeigen, Unterschiede zwischen ihnen verdeutlichen und dadurch Vergleiche ermöglichen ohne auf historisch, kulturell und gesellschaftlich bedingte Ursachen einzugehen. Diese sind zu vielschichtig, als dass sie in der vorliegenden Arbeit behandelt werden könnten.

[61] Neuere Daten waren zum Zeitpunkt der Erstellung dieser Arbeit nicht verfügbar.

[62] Vgl. zur Berechnung dieser Zahl Anhang 1.

[63] Vgl. Tabelle 1.

sen die zehn neuen Mitgliedsländer auf. Durchschnittlich werden dort 1,29 Kinder geboren, wobei die Tschechische Republik mit 1,17 den unteren und Zypern mit 1,49 Kindern pro Frau den oberen Rand markieren.[64]

| **EU-15 Land** | **TFR** |
|---|---|
| Irland | 1,97 |
| ***Frankreich*** | ***1,89*** |
| Niederlande | 1,73 |
| Dänemark | 1,72 |
| Finnland | 1,72 |
| ***Schweden*** | ***1,65*** |
| Verein. Königreich | 1,64 |
| Luxemburg | 1,63 |
| Belgien | 1,62 |
| Portugal | 1,47 |
| Österreich | 1,40 |
| ***Deutschland*** | ***1,31*** |
| ***Italien*** | ***1,26*** |
| Griechenland | 1,25 |
| Spanien | 1,25 |

*Tab. 1: TFR in den EU-15-Ländern, 2002; Quelle: Eurostat (2004).*

Die Geburtenentwicklung der in Tabelle 1 hervorgehobenen Länder wird im Folgenden näher analysiert. Die Entscheidung für die Auswahl von *Schweden, Italien*, *Frankreich* und *Deutschland* gründet auf verschiedenen Motiven. Schweden ist eines der kinder- und familienfreundlichsten Länder Europas. Dies geht auch aus Tabelle 2 hervor. Die Tabelle enthält die Ergebnisse des *Europa-Rankings Familienfreundlichkeit*[65], für welches den Ländern hinsichtlich sieben verschiedener Indikatoren für Kinderfreundlichkeit Rangplätze von 1 bis 9 zugewiesen wurden. Der Durchschnittsrang wurde aus der Division der Summe der erreichten Rangplätze der Länder in den einzelnen Kategorien durch die An-

---

[64] Vgl. Anhang 2.

[65] Download unter: *http://www.bmfsfj.de/RedaktionBMFSFJ/Abteilung2/Newsletter/Zukunft-Familie/2004-04/Medien/ranking-kinderfreundlichkeit,property=pdf,bereich=,rwb=true.pdf*, Abruf am 17. März 2006.

zahl der Indikatoren berechnet. Island schnitt mit einem Durchschnittsrang von 2,0 am besten ab. Schweden, als Musterbeispiel für den Zusammenhang von guter Kinderbetreuung und hohen Geburtenraten, belegte den zweiten Platz - dicht gefolgt von Frankreich.

| **Indikator** / **Land** | Kinderanzahl je Frau | Frauen im Beruf | Kinderlose Frauen | Kinderkrippen | Kindergärten | Kinderreiche Familien | Alter bei Erstgeburt | Durchschnittsrang | *Platzierung* |
|---|---|---|---|---|---|---|---|---|---|
| Schweden | 5 | 1 | 5 | 1 | 6 | 3 | 3 | 3,4 | *2.* |
| Frankreich | 2 | 6 | 2 | 3 | 1 | 4 | 7 | 3,6 | *3.* |
| Italien | 9 | 9 | 3 | 6 | 3 | 8 | 5 | 6,1 | *7.* |
| Deutschland | 6 | 7 | 9 | 5 | 7 | 9 | 4 | 6,7 | *letzter* |

*Tab. 2: Europa-Ranking Kinderfreundlichkeit;*
*Quelle: Berlin-Institut für Weltbevölkerung und globale Entwicklung (2004).*

Zusammen mit den skandinavischen Ländern wird Frankreich als das EU-Mitgliedsland bezeichnet, in dem sich der Staat und die öffentliche Hand am stärksten familienpolitisch engagieren. Frankreich bietet EU-weit die größte Vielfalt an geförderten Betreuungsmöglichkeiten und gilt deshalb aktuell als am familienpolitisch erfolgreichsten in Europa. Den Gegenpol dazu bilden Deutschland und Italien. Letzteres vertritt Südeuropa als Schlusslicht im Vergleich der Fertilitätsraten. Auch hinsichtlich der Familienfreundlichkeit belegen diese beiden Länder die hinteren Plätze.[66] Deutschland verdient darüber hinaus ein besonderes Augenmerk, weil es im europäischen Kontext eine Sonderstellung aufweist - wie noch zu zeigen sein wird.[67] Betrachtet man die Entwicklung der Gesamtfertilität in den ausgewählten Ländern, ergibt sich folgendes Bild:

[66] Vgl. auch hier Tabelle 2.

[67] Ein weiterer Grund für die vorgenommene Länderauswahl stellt die Verfügbarkeit der Daten dar.

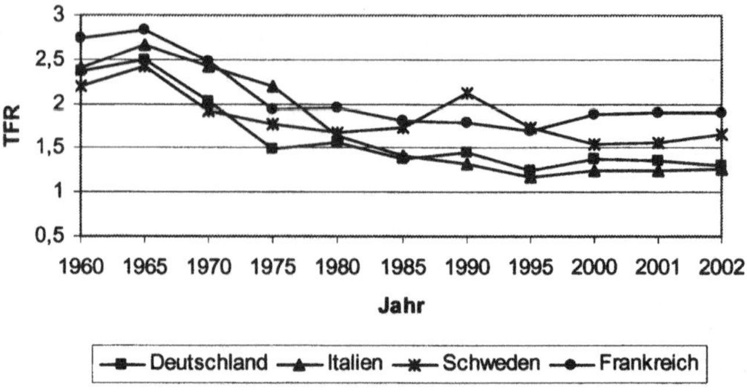


*Abb. 3: TFR in ausgewählten EU-Ländern, 1960-2002; Quelle: Eurostat (2004).*

Nach Ende der Babyboom-Phase sanken bis in die Mitte der 70er Jahre in allen vier Ländern die Fertilitätsraten.[68] Ab dann, spätestens jedoch mit Beginn der 80er Jahre, trennte sich die „Spreu“ (Deutschland und Italien) vom „Weizen“ (Frankreich und Schweden). Die in *Schweden* Mitte der 70er initiierte, staatlich geförderte Vereinbarkeit von Familie und Beruf führte dort bis zum Ende der 80er Jahre zu einem deutlichen Anstieg der Geburtenrate.[69] Die schwedische Wirtschaftskrise Anfang der 90er ließ die Fertilität aber auf ihren Tiefstand im Jahr 2000 sinken. Aktuell liegt die TFR mit einem Wert von 1,65 Kindern je Frau wieder auf dem Niveau wie zu Beginn der 80er Jahre. *Frankreich* verzeichnete zwischen 1975 und 1990 einen mäßigen Abfall der Gesamtfertilitätsrate. Aufgrund einer guten Entwicklung der Konjunktur und einer arbeitnehmerfreundlichen Familienpolitik folgte ab Mitte der 90er Jahre ein im europäischen Vergleich beispielloser Geburtenboom.[70] 2002 hat die TFR mit 1,89 Kindern pro Frau ungefähr ihren Wert von Anfang der 80er Jahre und damit den zweithöchsten Wert im europäischen Fertilitätsranking erreicht. Innerhalb der betrachteten Länder fiel in *Italien* der Rückgang der Gesamtfertilitätsrate zwischen 1965 und 1975 am geringsten aus. So hatte Italien Mitte der 70er Jahre als einziges der vier Länder noch eine Fertilitätsrate über dem Bestanderhaltungsniveau aufzuweisen. In der Folgezeit stellte sich aber ein dramatischer Einbruch der Kinderzahlen ein, der dazu führte, dass sich Italiens Gesamtfertilitätsrate im Betrachtungszeitraum um über 47 % verringerte. *Deutschland* erlebte den stärksten Rückgang seiner TFR zwischen 1965 und 1975. Seit dem pendelt der Wert um 1,4 Kinder je Frau. Mit Ausnahme von Deutschland weisen die übrigen betrachteten Zeitreihen am aktuellen Rand einen leichten Aufwärtstrend auf. Das Be-

[68] Vgl. Abb. 3.
[69] Vgl. Ehrenstein, C. (2004), S. 3.
[70] Vgl. Reuter, S. (2003), S. 43 f.

standerhaltungsniveau - gemessen an der Gesamtfertilitätsrate - wird aktuell aber in keinem Land Europas mehr erreicht. Ein Blick auf die *endgültigen Kinderzahlen* der Frauen nach Generationen zeichnet allerdings ein etwas anderes Bild.[71]

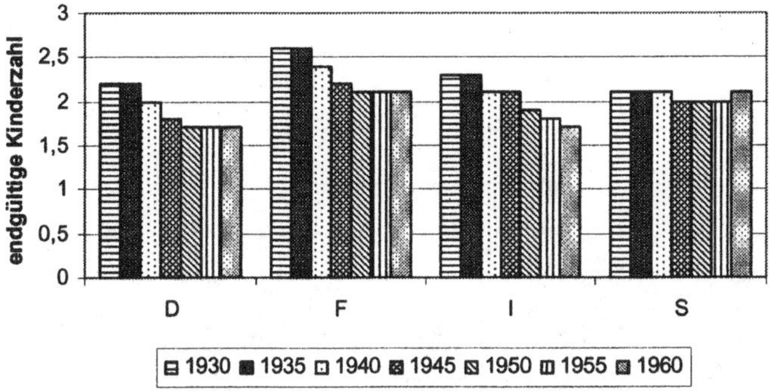


*Abb. 4: Endgültige Kinderzahl nach Generationen; Quelle: Eurostat (2003).*

Die endgültigen Kinderzahlen der Frauen des Geburtsjahrgangs 1960, verglichen mit denen der Frauen der Kohorte 1930, sind zwar in allen Ländern mit Ausnahme Schwedens gesunken (Deutschland: -23 %, Frankreich: -19 %, Italien: -26 %).[72] Die 1960 geborenen Frauen in Frankreich und Schweden weisen aber noch eine Fertilität oberhalb des Bestanderhaltungsniveaus auf. Während in Deutschland, Frankreich und Schweden über die letzten Kohorten hinweg eine Stagnation der endgültigen Kinderzahlen beobachtet werden kann, nimmt die Kinderzahl in Italien treppenförmig ab. Die Ursachen für diese Länderunterschiede im Niveau und Verlauf der Kinderzahlen können ergründet werden, wenn man sich die Verteilung der Frauenkohorten nach der Anzahl ihrer Kinder ansieht.[73]

---

[71] Die endgültige Kinderzahl gibt die durchschnittliche Zahl der Kinder pro Frau an, die bis zum Ende des gebärfähigen Alters einer Kohorte tatsächlich geboren wurden. Im Gegensatz zur Gesamtfertilitätsrate kann die endgültige Kinderzahl erst nach Ablauf der fertilen Lebensphase einer Frauenkohorte ermittelt werden. Zuverlässige Angaben über die tatsächlichen Kinderzahlen lassen sich aktuell daher nur anhand der Geburtsjahrgänge bis 1960 finden, da bei diesen Frauen die fertile Phase als abgeschlossen angenommen werden kann.

[72] Vgl. Abb. 4.

[73] Diese Analysen beschränken sich auf die Geburtsjahrgänge 1940 bis 1955, weil nur für diese Kohorten einheitliches Datenmaterial für alle vier Länder verfügbar war.

In Frankreich und Schweden ist der Anteil der *kinderlosen Frauen* an den Geburtsjahrgängen 1940 bis 1955 relativ konstant geblieben.[74] In Italien hat er sogar abgenommen.[75] Deutschland hingegen nimmt sich nicht nur hinsichtlich des Niveaus, sondern auch bezüglich des Verlaufs des Anteils der Frauen ohne Kinder aus. Von Kohorte zu Kohorte steigt der Prozentsatz kinderloser Frauen. Für den Geburtsjahrgang 1955 erreicht er mit 22 % sogar einen weltweiten Spitzenwert.

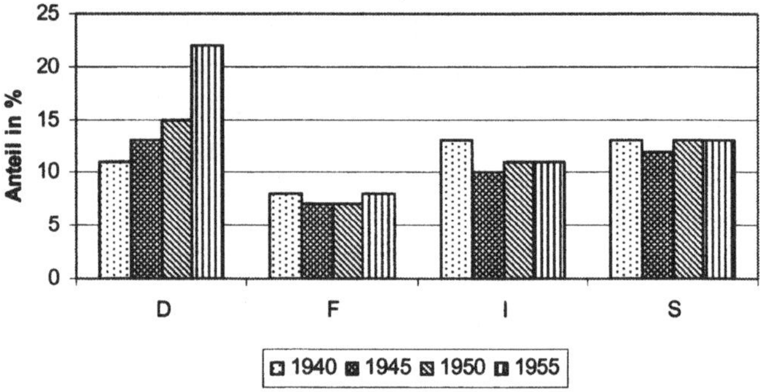


*Abb. 5: Anteil der kinderlosen Frauen nach Geburtskohorten; Quelle: Eurostat (2002 a).*

Die Anteile der *Frauen mit einem Kind oder zwei Kindern* verlaufen über die Kohorten recht unspektakulär.[76] Deutschland weist mit 25 % den vergleichsweise höchsten Anteil von Müttern mit einem Kind auf. Nimmt man diesen Wert und den der kinderlosen Frauen zusammen, hat fast die Hälfte der deutschen Frauen des Geburtsjahrgangs 1955 höchstens ein Kind (47 %). Auch die italienischen Frauen stellen sich mit 45 % im Vergleich nicht viel besser. Italien weist als einziges der betrachteten Länder einen steigenden Anteil der Mütter mit einem Kind auf. Die Zwei-Kind-Familie ist in allen vier Ländern die häufigste Familienform. Am aktuellen Rand liegen Frankreich, Italien und Schweden mit einem Anteil von ca. 40 % in etwa gleich auf. In Deutschland nimmt der Anteil der zweifachen Mütter an der Geburtskohorte 1955 den geringsten Wert an (33 %). Der Prozentsatz der Frauen mit zwei Kindern ist nicht nur hinsichtlich des Niveaus im Ländervergleich relativ homogen, er verläuft auch über die Kohorten hinweg recht stabil.

---

[74] Vgl. Abb. 5. Der verfügbare Wert für den Anteil kinderloser Frauen am Geburtsjahrgang 1960 in Schweden beträgt 14 %.

[75] Für die folgenden Jahrgänge steigt der Anteil kinderloser Frauen wieder und liegt für die Kohorte 1960 bei 15 %.

[76] Vgl. Abb. 6 und 7.

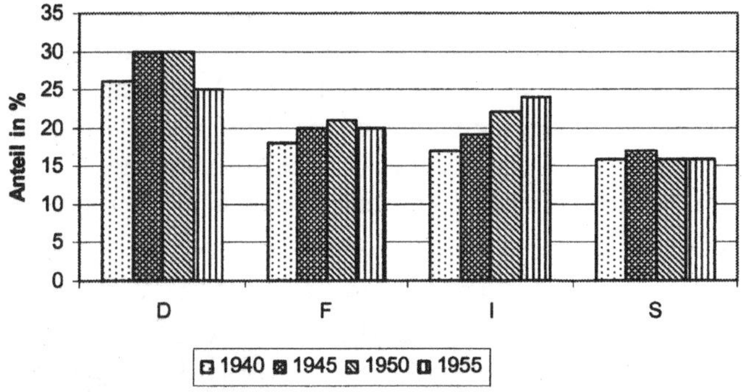


*Abb. 6: Anteil der Frauen mit einem Kind nach Geburtskohorten; Quelle: Eurostat (2002 a).*

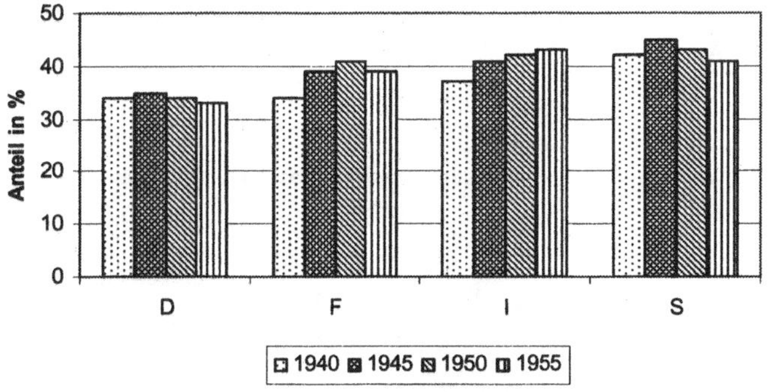


*Abb. 7: Anteil der Frauen mit zwei Kindern nach Geburtskohorten; Quelle: Eurostat (2002 a).*

Anders hingegen die Anteile der *Frauen mit drei und mehr Kindern*: Auch hier ragt Deutschland im Vergleich der vier Länder negativ heraus.[77] In keinem anderen der hier betrachteten Länder war der Rückgang des Anteils der Frauen mit drei Kindern größer (-32 %).[78] In Frankreich und Schweden schwanken die Anteile um ein Fünftel. Außer in Schweden gibt es immer weniger Mehrkind-Familien.[79] Zuletzt hatten dort 22 % der Frauen vier oder mehr Kinder. Die Französinnen hatten immerhin zu einem Zehntel mehr als drei Kinder, wobei dies gegenüber dem Spitzenwert von 19 % der Kohorte 1940 fast einer Halbierung gleichkommt. Die geburtenschwachen Länder Italien und Deutschland be-

[77] Vgl. Abb. 8.

[78] In Italien sank der Anteil der Frauen mit drei Kindern bis zur Kohorte 1960 auf 15 %, was im Vergleich zum Geburtsjahrgang 1940 einem Rückgang von 35 % entspricht.

[79] Vgl. Abb. 9.

legen im Vergleich wieder die hinteren Plätze. Nur 6 % der deutschen Mütter des Geburtsjahrgangs 1955 setzten noch vier oder mehr Kinder in die Welt. Dies wird nur noch von Italien mit einem Anteil von 2 % unterboten, welches auch den relativ stärksten Rückgang der Mehrkind-Familien aufweist. Im Vergleich ist die Gruppe der Italienerinnen, die 1955 geboren wurden und 4 oder mehr Kinder haben, nur noch ein Fünftel der entsprechenden Kohorte von 1940.

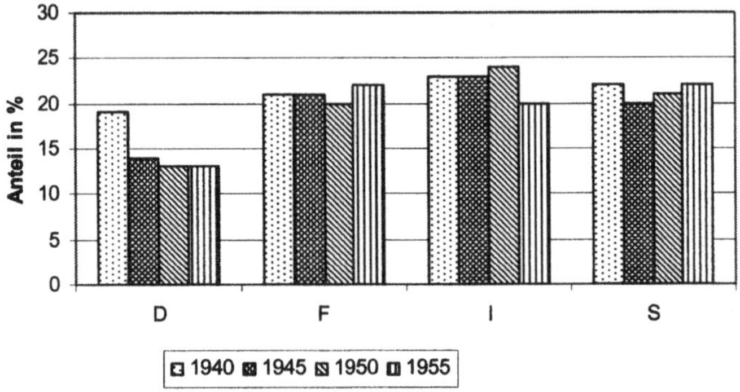


*Abb. 8: Anteil der Frauen mit drei Kindern nach Geburtskohorten; Quelle: Eurostat (2002 a).*

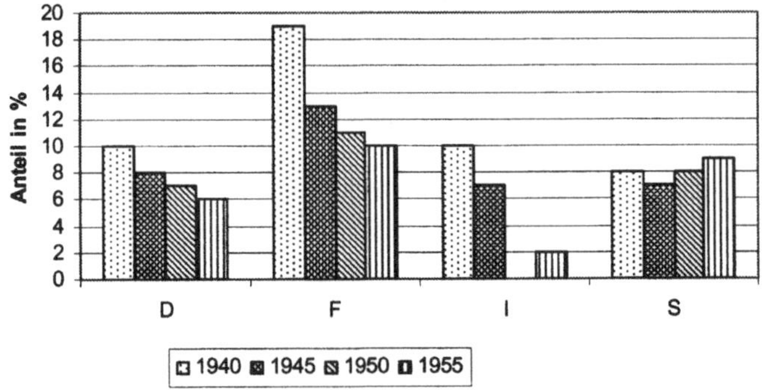


*Abb. 9: Anteil der Frauen mit vier und mehr Kindern nach Geburtskohorten; Quelle: Eurostat (2002 a).*

Die Analyse der Anteile der Frauen nach Geburtskohorten und ihrer Kinderzahl liefert einen Erklärungsbeitrag für die Länderunterschiede in der Entwicklung der endgültigen Kinderzahlen, wie sie in Abbildung 4 festgestellt wurden. Schweden und Frankreich sind in Bezug auf die Kinderzahlen gut aufgestellt. Um die 70 % der Französinnen und Schwedinnen haben mindestens zwei Kinder. Dagegen sind die kinderarmen Länder Deutschland und Italien zum einen vom Anstieg der Kinderlosigkeit und zum anderen vom Rückgang der Mehrkind-Familien stark betroffen. Deutschland nimmt dabei eine vorbildlose Sonderstellung ein. Es ist im weltweiten Vergleich von der Zunahme der Kinderlosigkeit am stärksten betroffen, weist den vergleichsweise höchsten Anteil der Frauen mit nur einem Kind auf und verzeichnet den größten Rückgang der Familien mit drei Kindern. Im Folgenden soll deshalb der Fokus auf die besondere Situation Deutschlands gerichtet werden.

In Abbildung 10 erkennt man den Anstieg der Gesamtfertilitätsrate im *früheren Bundesgebiet* während der „Baby-Boom-Phase" in der Mitte der 50er und 60er Jahre. 1964 erreichte die TFR ihren Höchststand. Zu diesem Zeitpunkt wurden von jeder Frau im gebärfähigen Alter durchschnittlich 2,54 Kinder geboren. In der Folgezeit setzte ein starker Rückgang der Geburtenzahlen ein, der dazu führte, dass zu Beginn der siebziger Jahre des vorigen Jahrhunderts die Bestanderhaltungsmarke erstmals unterschritten wurde. Deutschland war Ende der siebziger Jahre das Land mit der niedrigsten Geburtenrate der Welt.[80] Vor allem Politiker der CDU und CSU interpretierten die niedrigen Fertilitätsraten als Beweis für den Verfall traditioneller Werte und das Versagen sozialliberaler Familienpolitik. Anders als in der ehemaligen DDR wurden aber keine gezielten geburtenfördernden Maßnahmen eingesetzt. So hat sich die Bundesrepublik bis heute nicht mehr von diesem Niveauabfall der Geburtenrate erholt. Die TFR für das frühere Bundesgebiet pendelt seit 1975 um einen Wert von 1,4. Für *Gesamtdeutschland* liegt sie aktuell mit 1,34 geringfügig niedriger.

In der *ehemaligen DDR* lag die Gesamtfertilitätsrate bis 1971 oberhalb des Reproduktionsniveaus. Anschließend setzte ein Rückgang ein, der die TFR auf ihren damaligen Tiefstand von 1,54 Kindern pro Frau im Jahre 1975 sinken ließ. Durch ein im gleichen Jahr eingeführtes Bündel an bevölkerungs-, familien- und sozialpolitischen Maßnahmen erholte sich die Gesamtfertilitätsrate in den 80er Jahren wieder auf einen Wert von 1,94. Dieser Anstieg dürfte zum Teil dadurch verursacht worden sein, dass die Mütter ihre Geburten in ein jüngeres Alter vorgezogen haben, da die TFR mit der Wiedervereinigung endgültig einbrach. 1994 erreichte sie in den *neuen Ländern* mit einem Wert von 0,77 Kindern je Frau ihren historischen Tiefstand. Im Rückblick zeigt sich, dass dieser Einbruch zu einem wesentlichen Teil auf den Aufschub von Geburten und damit auf den Anstieg des Erstgebäralters der Mütter zurückzuführen ist. Seit 1995 steigt die TFR

---

[80] Birg, H. (2004), S. 6.

langsam wieder an und liegt mittlerweile bei 1,2.[81] Da damit zu rechen ist, dass ein Teil der nach 1989/90 ausgefallenen oder aufgeschobenen Geburten nachgeholt werden, lässt sich vermuten, dass sich - unter gleich bleibenden ökonomischen Bedingungen - die Fertilität in Ostdeutschland an das Westniveau angleichen wird.[82]

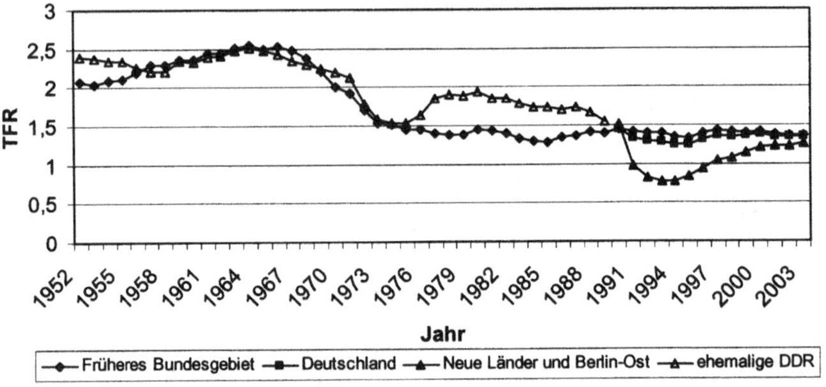


*Abb. 10: Gesamtfertilitätsrate im früheren Bundesgebiet, der ehemaligen DDR, Deutschland und den neuen Ländern und Berlin-Ost[83], 1952-2003; Quelle: Statistisches Bundesamt.*

Veränderungen des generativen Verhaltens lassen sich aus der Entwicklung der Gesamtfertilitätsrate aber nur begrenzt ablesen.[84] Die in Abbildung 10 vorgenommene *Querschnittsanalyse* ist einer auf Frauenjahrgänge bezogenen Analyse der Geburtenentwicklung in Form einer Längsschnitt- bzw. *Kohortenanalyse* somit weit unterlegen. Letztere ist in der Lage, Veränderungen der Geburtenfolge (*Parität*) zu veranschaulichen. Setzt sich bspw. ein Frauenjahrgang größtenteils aus Frauen mit zwei Kindern pro Frau zusammen, während eine andere Kohorte teilweise keine und teilweise drei Kinder aufweist, beträgt die durchschnittliche Kinderzahl pro Frau in beiden Frauenjahrgängen etwa zwei. Das

---

[81] Der Grund für den vergleichsweise langsamen Wiederanstieg der Gesamtfertilitätsrate in den neuen Bundesländern nach 1990 liegt in den gestiegenen ökonomischen Opportunitätskosten der Kinder. Diese werden von einem Anstieg der biographischen Opportunitätskosten und Festlegungsrisiken begleitet. Nach dem Fall der Mauer wurden biographische Festlegungen durch Eheschließungen und Kindgeburten von vielen Menschen aufgeschoben oder ganz vermieden. Die Eheschließungsrate nahm in den neuen Bundesländern nach 1989 ähnlich stark ab wie die Geburtenrate. Vgl. Birg, H. (2001), S.47 f.

[82] Vgl. Herden, R.-E. / Münz, R. (2001), S. 78.

[83] Seit 2001 ohne Berlin-Ost.

[84] Vgl. Birg, H. / Flöthmann, E.-J. (1996), S. 3.

generative Verhalten dieser beiden Kohorten unterscheidet sich aber deutlich. Um diesen Analyseaspekt zu berücksichtigen, müssen die Geburten eines Frauenjahrgangs nach ihrer Ordnungsziffer differenziert werden. Die amtliche Statistik enthält nur sehr bedingt die dazu notwendigen Informationen, da nur nach der Zahl der Kinder in der jeweils bestehenden Ehe gefragt wird. Auch zum Zweck der Vereinheitlichung der Bevölkerungsstatistik in der Europäischen Union muss Deutschland zukünftig die Geburtenfolge *sämtlicher* Kinder einer Frau und nicht nur die aus der jetzigen Ehe registrieren.[85] Die benötigten Daten der Vergangenheit sind aber nicht der amtlichen Statistik zu entnehmen. Das Institut für Bevölkerungsforschung und Sozialpolitik der Universität Bielefeld unter der Leitung von Herwig Birg veröffentlichte 1984 eine erste Schätzung der fehlenden Daten für Deutschland. Es folgten weitere Studien, die auf Grundlage verschiedener biographischer Untersuchungen die Abweichungen der tatsächlichen Geburtenfolge von der amtlichen Zählweise für einzelne Frauenjahrgänge erforschten. Auf Basis dieser Differenz wurden Korrekturfaktoren berechnet und auf die für die einzelnen Frauenjahrgänge ermittelten Geburtenziffern angewendet.[86]

Die den folgenden Abbildungen zugrunde liegenden Daten beruhen auf einer Studie von Birg aus dem Jahr 1990 und einer Fortführung dieser auf Basis der Perinatalstatistik aus dem Jahre 1996. Die Perinatalstatistik enthält nahezu 100 % der Geburten in den nordrhein-westfälischen Regierungsbezirken Münster, Detmold und Arnsberg im Zeitraum 1984 bis 1992.[87] Die in diesem Datenmaterial enthaltene Geburtenanzahl ist mehr als zehnmal so groß wie die des Mikrozensus im Bundesgebiet insgesamt. Somit erlauben diese Daten eine statistisch gesicherte Kohortenanalyse der Geburtenentwicklung.

Abbildung 11 zeigt die Entwicklung der Kinderzahlen von Frauen der Jahrgänge 1940 bis 1970. Bis auf die beiden jüngsten Kohorten (1965 und 1970) haben sie ihre reproduktive Phase abgeschlossen.

Auf den ersten Blick fällt die drastische Zunahme des Anteils kinderloser Frauen auf. Hatten rund 10 % der Frauen des Jahrgangs 1940 keine Kinder, stieg deren Anteil auf 26 % für die 1960 Geborenen. Die jüngste Kohorte wird zu ca. einem Drittel kinderlos bleiben. Beim Jahrgang 1965 und 1970 bilden die kin-

[85] Vgl. Birg, H. / Flöthmann, E.-J. (1996), S. 4.
[86] Vgl. Birg, H. / Flöthmann, E.-J. (1996), S. 4 ff.
[87] Vgl. Birg, H. / Flöthmann, E.-J. (1996), S. 7.

derlosen Frauen die größte Gruppe. Der Anteil der Frauen mit einem Kind geht seit dem Jahrgang 1950 stetig zurück. Die 1945 Geborenen weisen mit rund 30 % den größten Anteil auf. Der Anteil der Frauen mit zwei Kindern bewegt sich relativ stabil zwischen 31 % (1965) und 35 % (1945). Bis einschließlich zum Jahrgang 1960 bildeten die zweifachen Mütter die größte Gruppe. Die Kohorte 1940 brachte zu 19 % bzw. zu 10 % noch drei bzw. vier oder mehr Kinder zur Welt. Diese Anteile sind mittlerweile auf ein stabil niedriges Niveau abgesunken. Nur noch ca. 20 % der Frauen ab dem Jahrgang 1945 bekommen drei oder mehr Kinder.

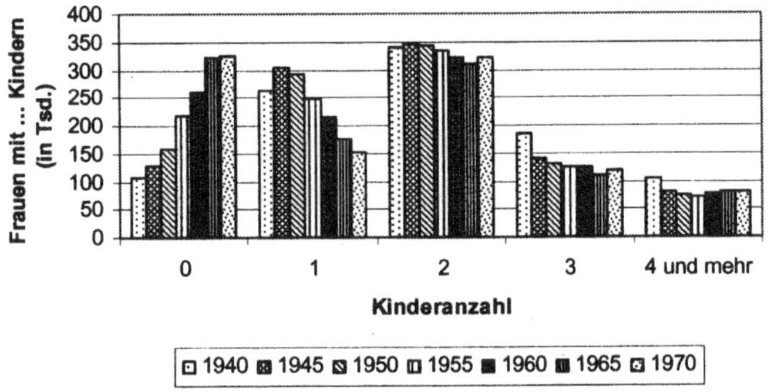


*Abb. 11: Kinderanzahl nach Frauenjahrgängen; Quelle: Birg, H. / Flöthmann, E.-J. (1996).*

Insgesamt zeigt sich hinsichtlich der Parität der Frauen eine *bimodale Verteilung*: Einerseits hat - gerade bei den jüngsten Jahrgängen - der Anteil der kinderlosen Frauen stark zugenommen, andererseits bilden Frauen mit zwei Kindern bei den meisten Kohorten die größte Gruppe. Die beiden folgenden Abbildungen verdeutlichen diese Aspekte. Aus Abbildung 12 geht hervor, dass die Kinder, die geboren werden, zumeist mit einem Geschwisterkind aufwachsen. Der dramatische Anstieg der Kinderlosigkeit kommt in Abbildung 13 zum Ausdruck. Innerhalb einer Generation hat sich der Anteil der kinderlosen Frauen am jeweiligen Geburtsjahrgang mehr als verdreifacht. Von den 1970 geborenen Frauen wird nahezu ein Drittel kinderlos bleiben. Die niedrigen Geburtenraten in Deutschland sind somit vor allem auf den wachsenden Anteil der kinderlosen Frauen zurück zu führen und weniger auf sinkende Familiengrößen.[88]

[88] Zu den Gründen für die Zunahme der Kinderlosigkeit vgl. S. 69 ff. dieser Arbeit.

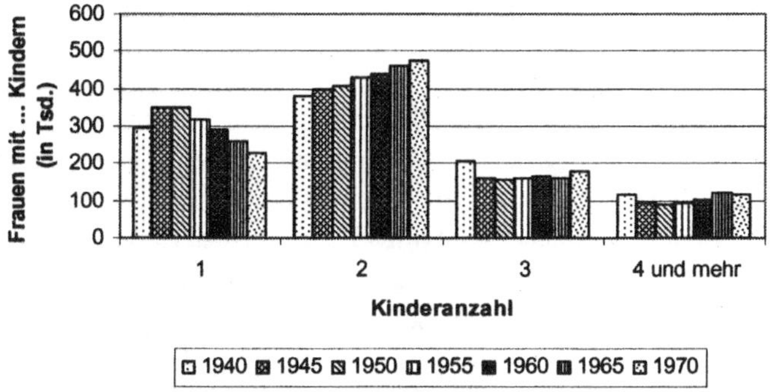


*Abb. 12: Kinderanzahl von Frauen mit Kindern nach Frauenjahrgängen; Quelle: Birg, H. / Flöthmann, E.-J. (1996).*

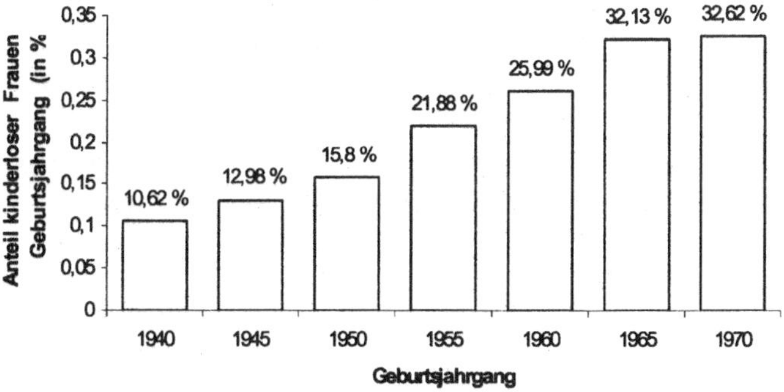


*Abb. 13: Kinderlose Frauen; Quelle: Birg, H. / Flöthmann, E.-J. (1996).*

In diesem Zusammenhang wird aktuell im öffentlichen Diskurs die Kinderlosigkeit von Akademikerinnen besonders hervorgehoben. Mit dem Hinweis, dass rund 40 % der Frauen mit akademischem Abschluss kinderlos bleiben, spricht man von einer *„Bildungsabhängigkeit der Fertilität"*[89]. Die nachfolgenden Grafiken zeigen, getrennt für West- und Ostdeutschland, die Verteilung der Kinderzahlen von Akademikerinnen im Alter von 35 bis 40 Jahren auf Basis von Daten des Mikrozensus.[90] Diese Altersgruppe wurde gewählt, um sicherzustellen, dass einerseits die betrachteten Frauen ihren Fertilitätsprozess bereits abgeschlossen

[89] Bahr, D. (2005), S. 12.

[90] Allerdings nutzt die Verfasserin einen direkten, nicht allgemein nutzbaren Zugang zum Datenbestand des Statistischen Bundesamtes (Scientific Use File). Aus diesem Grunde führt die Auswertung zu von 40 % abweichenden Zahlen für die Kinderlosigkeit unter den Akademikerinnen. Vgl. Grünheid, E. (2003), S. 3.

haben und andererseits die geborenen und überlebenden Kinder noch im selben Haushalt wohnen.[91]

Abbildung 14 lässt erkennen, dass 2001 gut 42 % der westdeutschen Frauen mit (Fach-)Hochschulabschluss keine Kinder hatten.[92] Zehn Jahre zuvor traf dies nicht einmal auf jede Dritte zu. Im Osten nahm die Kinderlosigkeit unter den Akademikerinnen zwar auch zu, ist mit 17,3 % aber nicht ausgeprägter als unter den Frauen insgesamt.[93] Im Gegenzug nahm der Anteil der ostdeutschen Akademikerinnen mit zwei Kindern zwischen 1991 und 2001 um 18,5 % ab.[94] Demnach trifft die These der bimodalen Verteilung der Kinderzahlen bei den Akademikerinnen weder für Ost- noch für Westdeutschland zu. Haben die Frauen mit (Fach-)Hochschulausbildung im Osten der Republik größtenteils ein oder zwei Kind(er), bilden in Westdeutschland die kinderlosen Akademikerinnen die größte Gruppe.[95]

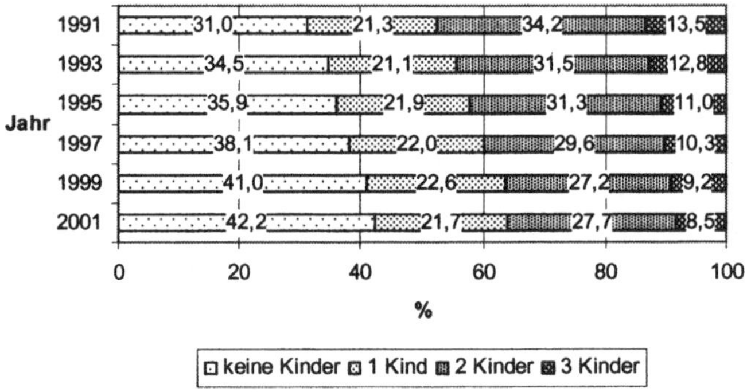


*Abb. 14: Frauen im Alter von 35 bis 40 Jahren mit Fachhochschul- oder Universitätsabschluss nach Anzahl ihrer Kinder, Westdeutschland; Quelle: Grünheid, E. (2003).*

---

[91] Vgl. Scharein, M. / Unger, R. (2005), S. 7.

[92] Von den gleichaltrigen Frauen mit Hauptschulabschluss bleiben lediglich 23 % kinderlos.

[93] Laut dem Institut der deutschen Wirtschaft waren 2001 rund 16 % aller ostdeutschen Frauen ohne minderjährige Kinder. Vgl. Institut der deutschen Wirtschaft (2003).

[94] Vgl. Abb. 15.

[95] Diese Entwicklung ist nicht nur unter dem demografischen Blickwinkel bedenklich, denn wie die PISA-Studie zeigt, hängt hierzulande der Lernerfolg der Kinder wesentlich vom Bildungsniveau der Mütter ab.

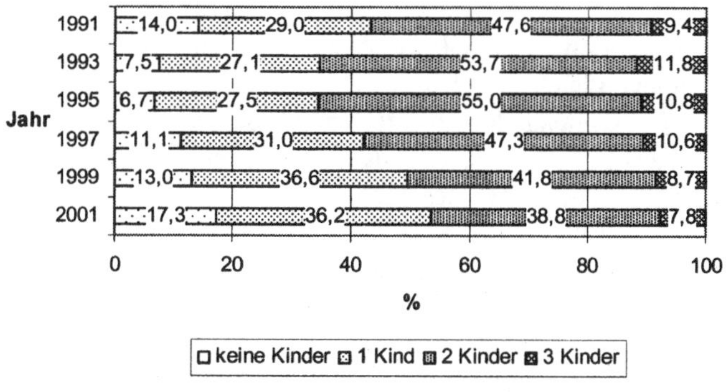


*Abb. 15: Frauen im Alter von 35 bis 40 Jahren mit Fachhochschul- oder Universitätsabschluss nach Anzahl ihrer Kinder, Ostdeutschland; Quelle: Grünheid, E. (2003).*

Abschließend ist darauf hinzuweisen, dass die amtliche Bevölkerungsstatistik keine Angaben über den Anteil kinderloser Frauen enthält, da sie auf den in den Standesämtern registrierten Geburten basiert. Der Anteil Kinderloser muss somit aus den Informationen über die biologische Rangfolge der Geburten einer Frau berechnet werden. Diese ist aber nicht dokumentiert. Stattdessen wird nur die Rangfolge der Kinder in der bestehenden Ehe festgehalten. Aus diesem Grund basieren Berechnungen zur Kinderlosigkeit in Deutschland zumeist auf dem Mikrozensus, einer jährlichen 1%-Stichprobe bundesdeutscher Haushalte. Die Daten des Mikrozensus werfen aber wiederum einige methodische Schwierigkeiten auf, die bei der Interpretation daraus abgeleiteter Kennzahlen berücksichtigt werden sollten.[96] Besonders der bereits oben erwähnte, viel zitierte Anteil von 40 % Kinderlosigkeit unter den Akademikerinnen ist mit Vorsicht zu interpretieren.

Das Hauptproblem der *Mikrozensus-Daten* besteht darin, dass nicht nach den geborenen, sondern nach den im Haushalt lebenden Kindern gefragt wird, was mehrere Unschärfen mit sich bringen kann.[97] Darüber hinaus betrachtet der Mikrozensus lediglich die Altersgruppe der 35- bis 39-jährigen Frauen. Gerade die Höhergebildeten schieben die Elternschaft aber nicht selten bis über das 39. Le-

[96] Vgl. Grünheid, E. (2003), S. 2.

[97] Bei den befragten Frauen könnten die Kinder noch nicht geboren sein, die Kinder könnten den Haushalt bereits wieder verlassen haben, sie könnten nicht im Haushalt der Mutter leben, oder im Haushalt der befragten Frau leben Kinder, die nicht von ihr geboren wurden. Die ersten drei Aspekte führen zu einer Überschätzung, der letztgenannte Punkt zu einer Unterschätzung der Kinderlosigkeit.

bensjahr hinweg auf.[98] „Eine weitere Verzerrung entsteht dadurch, dass in der öffentlichen Rezeption die Anteile der Akademikerinnen mit jenen der Universitätsabsolventinnen gleichgesetzt werden.“[99] Die Fachhochschul-Absolventinnen bleiben bei der Nennung der kinderlosen Akademikerinnen unberücksichtigt, sind aber weitaus seltener kinderlos als die Universitäts-Absolventinnen.[100] Die genannten Unzulänglichkeiten des Mikrozensus führen in der Summe zu einer drastischen Überschätzung des Anteils der Kinderlosigkeit unter den Akademikerinnen. Auswertungen auf Basis der Sozio-Oekonomischen Panels (SOEP), der größten repräsentativen Panel-Studie in Deutschland, zeigen unter den Akademikerinnen (Fachhochschul- und Universitätsabschluss) einen Anteil an dauerhaft Kinderlosen in der Kohorte der 1950 bis 1960 Geborenen von unter 25 %.[101]

Andere Studien, die auf den SOEP-Daten beruhen, zeigen hingegen keine großen Differenzen zu den Ergebnissen auf Basis der Mikrozensus-Daten. Scharein und Unger weisen nach, „dass die in den beiden Erhebungen bislang ermittelten Anteile kinderloser Akademikerinnen relativ nahe beieinander liegen, falls die Heterogenität der Gruppe der Akademikerinnen berücksichtigt sowie die gleichen Altersjahre betrachtet werden.“[102]

Die unterschiedlichen Resultate dieser Studien machen eines deutlich: Die Höhe der Kinderlosigkeit unter den Akademikerinnen steht in engem Zusammenhang mit der Abgrenzung der zugrunde liegenden Personen- und Altersgruppe. Ob man zu den Aka-demikerinnen ausschließlich die Hochschulabsolventinnen zählt oder auch die Fachhochschulabsolventinnen hinzurechnet, und ob man Frauen lediglich im Alter von 35 bis 40 Jahren betrachtet oder auch ältere zulässt, hat einschlagende Auswirkungen auf die Höhe des Anteils kinderloser Akademikerinnen. Alle Studien kommen aber einstimmig zu dem Ergebnis, dass die Kinderlosigkeit unter den gebildeten Frauen innerhalb der letzten zehn Jahre erheblich zugenommen hat.[103]

---

[98] Scharein und Unger weisen nach, dass der Anteil kinderloser Akademikerinnen geringer wird, je älter die betrachtete Altersgruppe ist. Vgl. hierzu Scharein, M. / Unger, R. (2005), S. 9 f.

[99] Schmitt, C. / Winkelmann, U. (2005), S. 9.

[100] Vgl. Schmitt, C. / Winkelmann, U. (2005), S. 9.

[101] Vgl. Schmitt, C. / Winkelmann, U. (2005), S. 9.

[102] Scharein, M. / Unger, R. (2005), S. 6.

[103] Vgl. Scharein, M. / Unger, R. (2005), S. 13.

## 4.2 Die Frauenerwerbstätigkeit in ausgewählten europäischen Ländern

Wie im vorangegangenen Kapitel beruhen auch die in diesem Kapitel vorgenommenen empirischen Analysen auf amtlichen Daten von Eurostat, der OECD und dem Statistischen Bundesamt. Zwecks Konsistenz liegen den vergleichenden Darstellungen erneut die vier Länder Deutschland, Frankreich, Italien und Schweden zugrunde.

Abbildung 17 zeigt die Verläufe der *Female Labour Participation Rate (FLPR)* zwischen 1970 und 2004 für diese Länder. Im Vergleich dazu enthält Abbildung 16 die Entwicklung der FLPR in der EU-15 insgesamt. Darin erkennt man einen über die Jahre konstanten Anstieg der weiblichen Erwerbsbeteiligung. Aktuell sind 62,6 % (2004) der weiblichen erwerbsfähigen Bevölkerung in der EU-15 erwerbstätig. Dies kommt einem Anstieg von 56 % in Relation zum Beginn der Zeitreihe gleich.

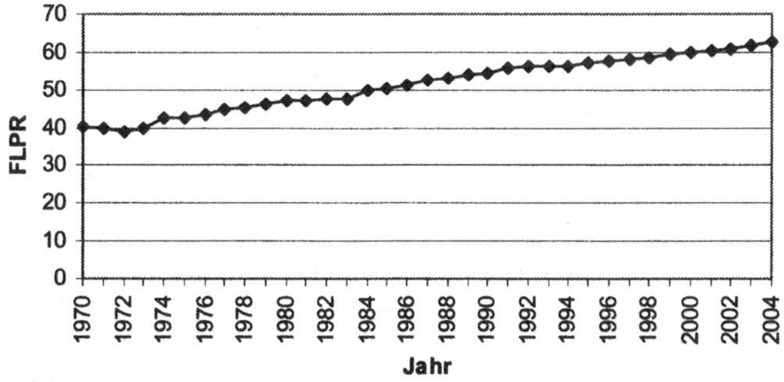


*Abb. 16: Entwicklung der FLPR in der EU-15, 1970-2004;*
*Quelle: OECD, Employment Outlook (versch. Jahrgänge).*

Auch innerhalb der einzelnen Länder hat sich die FLPR im Beobachtungszeitraum kontinuierlich erhöht. Auf dem höchstem Niveau liegt sie nach wie vor in *Schweden*. In dem skandinavischen Land gingen 2004 76,6 % der weiblichen Bevölkerung einer Erwerbstätigkeit nach. Damit gehört Schweden neben seinen skandinavischen Nachbarn zu den Spitzenreitern in Europa. Ende der achtziger/Anfang der neunziger Jahre lag die Rate mit Werten um 82 % noch höher. Diese Erfolge sind das Resultat schwedischer Wirtschaftspolitik und teuer erkauft.[104] Die Ausgaben für Arbeitsmarktpolitik liegen in Schweden mit 2,4 % des BIP (2003) auf sehr hohem Niveau.[105]

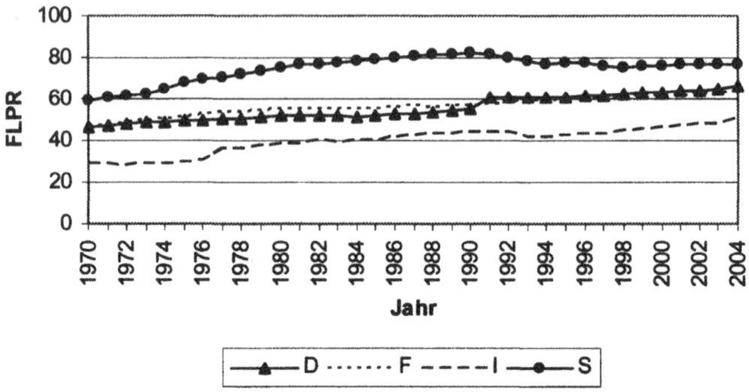


*Abb. 17: Entwicklung der FLPR in ausgewählten europäischen Ländern, 1970-2004; Quelle: OECD, Labour Market Statistics.*

*Deutschland* und *Frankreich* entwickeln sich hinsichtlich der Frauenerwerbstätigkeit ziemlich parallel. Im Jahr 2004 wies Deutschland eine FLPR von 66,1 % auf, während in Frankreich 63,8 % der Frauen erwerbstätig waren.

Unter den betrachteten Ländern bildet *Italien* das Schlusslicht bei der Frauenerwerbstätigkeit. Lediglich die Hälfte der erwerbsfähigen Frauen geht einer Beschäftigung nach. Besonders die gering qualifizierten Frauen haben in Italien schlechte Beschäftigungsaussichten. Lediglich ein Drittel der Frauen mit niedrigem Bildungsabschluss ist erwerbstätig.[106] Allerdings erhöhen sich die Beschäftigungsaussichten mit zunehmendem Bildungsgrad. Dies gilt zwar für alle betrachteten Länder, doch für Italien in besonderem Maße. Wie Tabelle 3 zeigt, beläuft sich die FLPR für die italienischen Frauen mit dem höchsten Bildungsniveau auf 77 %, was eine Steigerung um 135 % im Vergleich zum geringsten Abschluss bedeutet.

---

[104] Kennzeichnend für das schwedische Wohlfahrtsregime ist u. a. ein stark ausgebauter öffentlicher Sektor, was sich vorteilhaft auf die Frauenerwerbstätigkeit auswirkt.
[105] Vgl. Eurostat (2005), S. 14.
[106] Vgl. Tabelle 3.

| Bildungsstand[107] \ Land | EU-15 | Deutschland | Frankreich | Italien[108] | Schweden |
|---|---|---|---|---|---|
| low | 51,6 | 50,7 | 58,8 | 32,8 | 64,6 |
| medium | 73,5 | 71,5 | 76,4 | 61,7 | 83,2 |
| high | 84,8 | 83,2 | 83,4 | 77,0 | 88,2 |

*Tab. 3: FLPR von Frauen im Alter 25-64 Jahre nach Bildungsniveau, in % der Frauen gleichen Alters mit jedem Bildungsniveau, 2003; Quelle: OECD, Employment Outlook (2005).*

Diese Entwicklung resultiert aus den Charakteristika des institutionellen Umfelds in Italien, insbesondere aus den einzelnen Rigiditäten, die den Arbeitsmarkt durchdringen.[109] Zu den Unzulänglichkeiten des italienischen Arbeitsmarktes zählt auch eine mäßig ausgeprägte Teilzeitbeschäftigung. Tabelle 4 stellt die *Teilzeitquoten* der hier im Mittelpunkt stehenden Länder einander gegenüber.

| Land \ Jahr | 1990 | 2001 | 2002 | 2003 | 2004 | *Veränderung 1990-2004* |
|---|---|---|---|---|---|---|
| EU-15 | 27 | 30 | 30 | 30,1 | 31,2 | *+ 15,6 %* |
| Deutschland | 29,8 | 35 | 35,3 | 36,3 | 37 | *+ 24,2 %* |
| Frankreich | 22,5 | 24,4 | 24,1 | 22,7 | 23,6 | *+ 4,9 %* |
| Italien | 18,4 | 23,7 | 23,5 | 23,6 | 28,8 | *+ 56,5 %* |
| Schweden | 24,5 | 21 | 20,6 | 20,6 | 20,8 | *- 15,1 %* |

*Tab. 4: Anteil (in %) Teilzeit erwerbstätiger Frauen an allen erwerbstätigen Frauen; Quelle: OECD, Employment Outlook (2005).*

Mit Ausnahme Schwedens haben alle betrachteten Länder sowie die EU-15 als Ganzes ihre Teilzeitquoten erhöht. Italien hat ausgehend von einem niedrigen Niveau zu Beginn der neunziger Jahre den stärksten Anstieg aufzuweisen. Die Teilzeitquote hat sich während des Beobachtungszeitraumes mehr als verdoppelt. Aktuell liegt sie mit einem Wert von 28,8 % im europäischen Mittelfeld. Deutschland hingegen weist mit einer Teilzeitquote von 38 % einen vergleichs-

[107] Gemäß der Klassifizierung der OECD: *low: less than upper secondary education – medium: upper secondary education – high: tertiary education.*

[108] Für Italien liegen nur Werte für 2000 einer anderen Quelle vor: Eurostat (2002 b). Die FLPR bezieht sich dabei auf Frauen im Alter 25-59 Jahre.

[109] Vgl. Del Boca, D. (2002), S. 2.

weise hohen Wert auf, der aktuell nur noch von dem Spitzenreiter Niederlande mit 60,2 % und dem Vereinigten Königreich (40,4 %) übertroffen wird.

Ein interessantes Bild zeigt sich, wenn man betrachtet, *welche* Frauen in Teilzeit beschäftigt sind. Tabelle 5 gibt die Beschäftigungsquoten von Frauen differenziert nach Voll- und Teilzeit und nach Betreuungspflichten gegenüber eigenen Kindern wider. Ohne solche Pflichten sind die Frauen in allen hier betrachteten Ländern zum überwiegenden Teil vollzeitbeschäftigt. Nur ca. ein Sechstel der Frauen ohne Betreuungspflichten arbeiten Teilzeit. Anders sieht es hingegen bei den Frauen aus, die (mind.) ein Kind betreuen. Während in Frankreich und Italien ca. Dreiviertel dieser Frauen einer Vollzeittätigkeit nachgehen, ist es in Deutschland nicht mal mehr die Hälfte. Die Mehrheit der deutschen Mütter ist teilzeitbeschäftigt. Ein Blick auf die weibliche Beschäftigung insgesamt, getrennt nach Frauen mit und ohne Betreuungspflichten, zeigt, dass Deutschland mit Abstand den höchsten Beschäftigungsanteil von Frauen ohne solche Verpflichtungen hervorbringt. Zudem ist dort die Differenz in der Beschäftigung von Frauen mit und ohne Betreuungspflichten mit 20 %-Punkten am größten. Dies ist ein erster Hinweis auf die Existenz von Problemen hinsichtlich der Vereinbarkeit von Beruf und Familie in Deutschland.

| | Deutschland | Frankreich | Italien | Schweden |
|---|---|---|---|---|
| ohne Betreuungspflichten | | | | |
| Teilzeit | 17 | 15 | 17 | -- |
| Vollzeit | **83** | **85** | **83** | -- |
| mit Betreuungspflichten | | | | |
| Teilzeit | **53** | 21 | 25 | -- |
| Vollzeit | 47 | **79** | **75** | -- |
| mit Betreuungspflichten | 62 | 57 | 42 | -- |
| ohne Betreuungspflichten | **82** | 65 | 51 | -- |

*Tab. 5: Beschäftigung von Frauen im Alter 20-49 Jahre in % aller Frauen gleicher Kategorie, 1998; Quelle: Eurostat (2002 b).*

Im Folgenden sollen daher die Facetten der *Frauenerwerbstätigkeit in Deutschland* näher beleuchtet werden. Abbildung 18 zeigt die Entwicklung der Frauenerwerbstätigkeit im Zeitablauf. Zwischen 1950 und 2004 hat sich die Erwerbstätigkeit aller Frauen im früheren Bundesgebiet um 19 % von 37,3 % auf 44,5 % erhöht. Seit Mitte der siebziger Jahre ist ein stetiger Anstieg in der Erwerbsbeteiligung (west-) deutscher Frauen zu erkennen. Lediglich in jüngster Zeit zeichnet sich ein leichter Abwärtstrend ab. Die Frauenerwerbstätigenquote in den neuen Ländern unterliegt einigen Schwankungen. Ausgehend von einem noch hohen Niveau von 53,5 % (1991) brach die Frauenerwerbstätigenquote im Osten in der Folgezeit stark ein, erholte sich zwischenzeitlich kurz und schwankt seitdem zwischen Werten von 44 % und 45 %. Seit 2000 liegt die ostdeutsche Quote unterhalb der westdeutschen. Die aktuelle Differenz liegt bei 1,3 %-Punkten, wobei sich allerdings eine Verringerung dieses Abstandes abzeichnet.

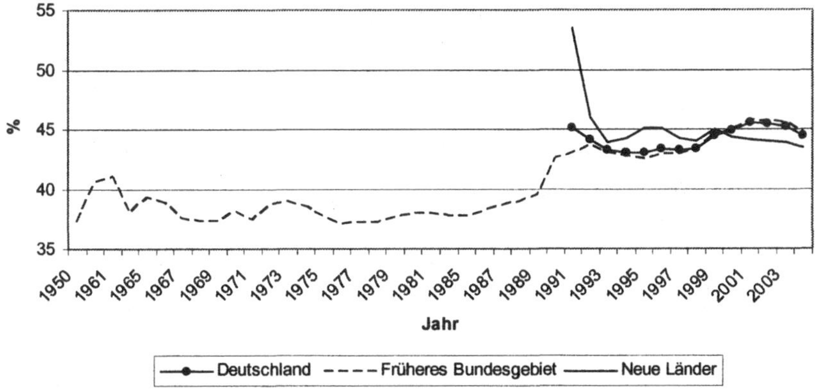


*Abb. 18: Entwicklung der Erwerbstätigenquoten aller Frauen im Alter von 15 und mehr Jahren, 1950-2004; Quelle: Statistisches Bundesamt.*

Bezog sich obige Grafik auf alle Frauen, stellt die folgende die *Erwerbstätigkeit von Frauen mit und ohne Kinder* in Deutschland einander gegenüber. Abbildung 19 verdeutlicht zwei interessante Sachverhalte. Es zeigt sich eine deutliche Diskrepanz im Erwerbsverhalten von Müttern gegenüber kinderlosen Frauen, die aber im Zeitverlauf ihr Vorzeichen gewechselt hat. Lag bis einschließlich 1990 die Erwerbstätigenquote kinderloser Frauen um bis zu 15 %-Punkten über derjenigen der Mütter, übersteigt letztere mit aktuell 64 % die FLPR der Frauen ohne Kinder um 9,5 %-Punkte. Dies liegt daran, dass sich die Müttererwerbstätigkeit seit Beginn des Beobachtungszeitraums kontinuierlich erhöht hat, während die entsprechende Quote für die Frauen ohne Kinder verhältnismäßig konstant geblieben ist und am aktuellen Rand mit 54,5 % den gleichen Wert aufweist wie 1972. Besonders durch die Wiedervereinigung hat die Erwerbstätigkeit von Frauen mit Kindern in Deutschland einen Schub erfahren, weil die Müttererwerbstätigkeit in Ostdeutschland historisch bedingt hoch lag und - wie Abbildung 20 zeigt - auch immer noch liegt.

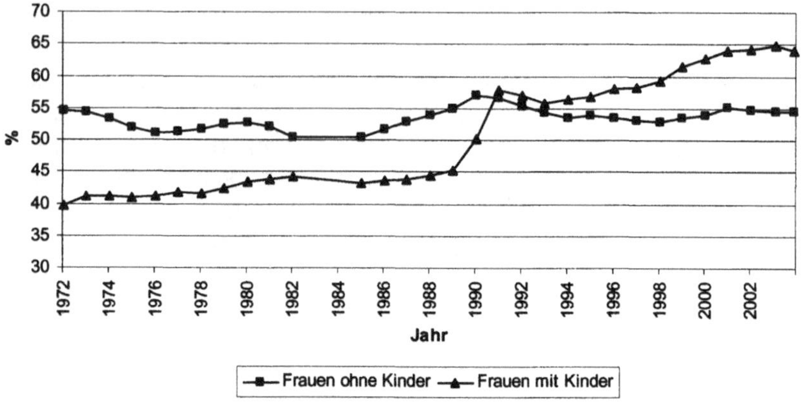


*Abb. 19: Entwicklung der Erwerbstätigenquote der Frauen im Alter von 15 bis unter 65 Jahren in Deutschland[110], 1972-2004; Quelle: Statistisches Bundesamt.*

Abbildung 20 macht auch deutlich, dass aktuell nur bei Frauen ohne Kinder die Erwerbstätigenquote in Westdeutschland höher liegt als in Ostdeutschland.[111] Die Frauen mit Kindern beteiligen sich im Osten stärker am Erwerbsleben. 70,4 % der ostdeutschen Mütter sind erwerbstätig. Zudem geht im Osten die Müttererwerbstätigenquote erst bei einer höheren Kinderanzahl zurück. Nimmt diese im Westen des Landes schon mit dem zweiten Kind ab, geht sie im Osten Deutschlands erst mit dem dritten Kind zurück.

Unterschiede in der Erwerbstätigkeit zwischen Ost- und Westdeutschland bestehen nicht nur hinsichtlich des Vorhandenseins und der Anzahl von Kindern, sondern auch in Abhängigkeit von deren Alter. Wie Abbildung 21 verdeutlicht, sind im Osten der Republik die Mütter von Kindern aller Altersklassen häufiger erwerbstätig als im Westen. In beiden Landesteilen sind Mütter umso eher erwerbstätig, je älter das jüngste Kind im Haushalt ist. Dies ist damit zu erklären, dass kleinere Kinder einen größeren Betreuungs- und Versorgungsaufwand benötigen.

[110] Bis 1990 früheres Bundesgebiet.

[111] Eine Ausnahme hiervon bilden die Mütter von 4 Kindern. Diese Frauen weisen im Westen eine höhere Erwerbstätigenquote auf als im Osten.

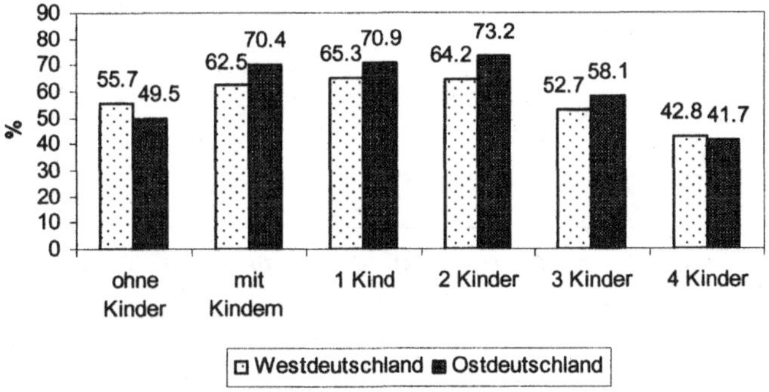


*Abb. 20: Erwerbstätigenquoten von Frauen im Alter von 15 bis unter 65 Jahren nach Anzahl der Kinder*[112] *in der Familie, 2004; Quelle: Statistisches Bundesamt.*

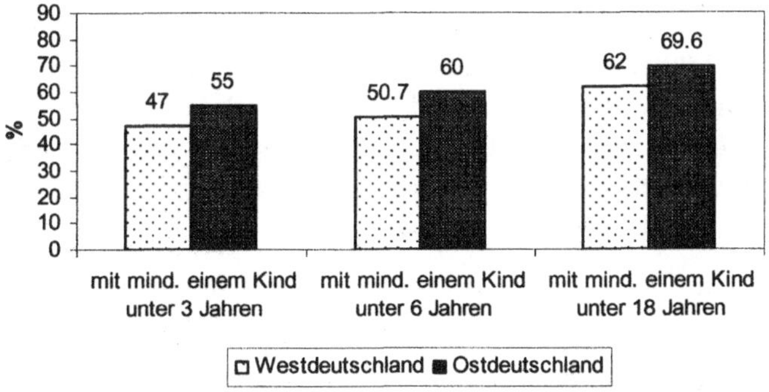


*Abb. 21: Erwerbstätigenquoten von Frauen im Alter von 15 bis unter 65 Jahren nach Altersgruppen der Kinder in der Familie, 2004; Quelle: Statistisches Bundesamt.*

Nicht nur das Alter der Kinder, auch das eigene Alter hat Einfluss auf die Erwerbstätigkeit der Frau. Aus Abbildung 22 lässt sich erkennen, dass gegenüber kinderlosen Frauen Mütter ihre *aktive Erwerbstätigkeit*[113] bis zu einem Alter von Mitte vierzig deutlich einschränken. Demnach haben bspw. kinderlose Frauen in ihren Dreißigern eine um 26 %-Punkte höhere Erwerbstätigenquote als gleich alte Mütter. Bei Frauen Anfang vierzig beträgt die Differenz noch rund 10 %-Punkte und wird mit steigendem Alter immer geringer.

[112] Ohne bzw. mit in der Familie lebenden ledigen Kindern ohne Altersbegrenzung.
[113] Zu den aktiv erwerbstätigen Frauen zählen nicht diejenigen, die vorübergehend beurlaubt sind, weil sie sich bspw. in der Elternzeit befinden.

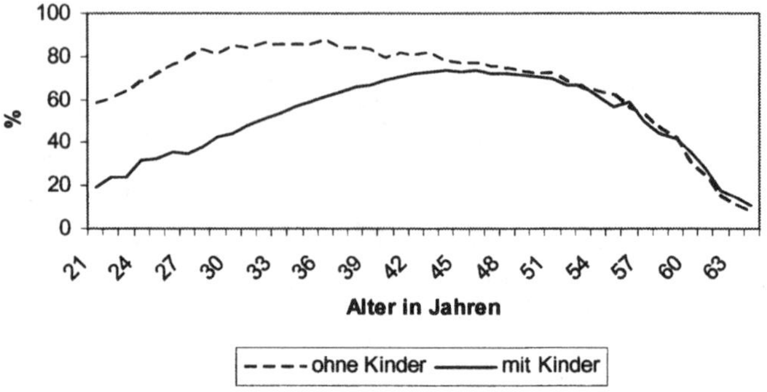


*Abb. 22: Altersspezifische aktive Erwerbstätigenquoten von Frauen ohne und mit Kindern, Deutschland, 2004; Quelle: Statistisches Bundesamt.*

Die höchste aktive Erwerbstätigkeit weisen kinderlose Frauen mit Mitte dreißig auf. Mütter hingegen sind 10 Jahre später am aktivsten auf dem Arbeitsmarkt. Ostdeutsche Mütter zeigen in jedem Alter eine höhere aktive Erwerbstätigenquote als Mütter in Westdeutschland, wie man Abbildung 23 entnehmen kann. Bei kinderlosen Frauen verhält es sich umgekehrt: Abbildung 24 zeigt, dass bei den Frauen ohne Kindern die aktive Erwerbstätigenquote im Westen Deutschlands höher liegt als im Osten.

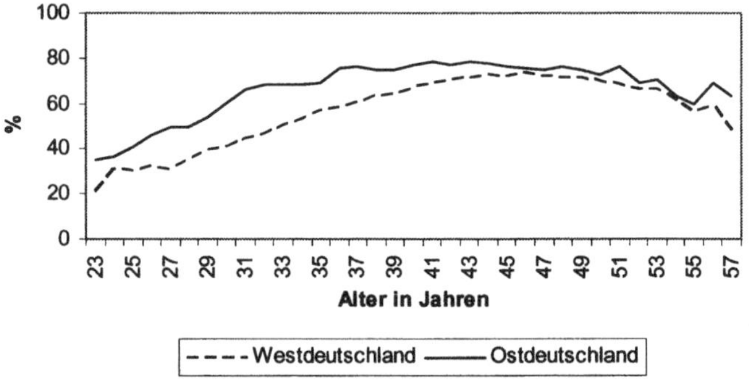


*Abb. 23: Altersspezifische aktive Erwerbstätigenquoten von Frauen mit Kindern, West- und Ostdeutschland, 2004; Quelle: Statistisches Bundesamt.*

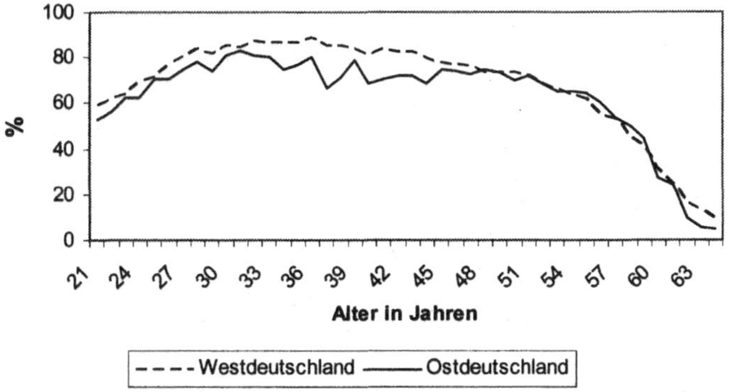


*Abb. 24: Altersspezifische aktive Erwerbstätigenquoten von Frauen ohne Kinder, West- und Ostdeutschland, 2004; Quelle: Statistisches Bundesamt.*

Im Mittelpunkt der folgenden Analysen steht der *zeitliche Umfang* der Erwerbstätigkeit von Müttern im früheren Bundesgebiet und in den neuen Ländern, differenziert nach der Kinderanzahl (Abbildung 25 und 26) und dem Alter des jüngsten im Haushalt lebenden Kindes (Abbildung 27 und 28).

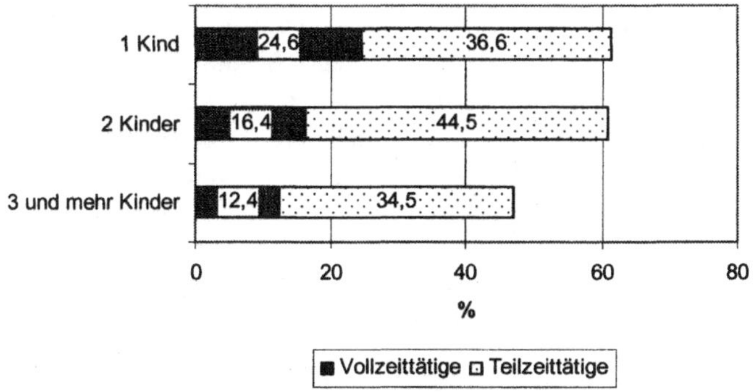


*Abb. 25: Erwerbstätigenquoten von Frauen mit Kindern nach Anzahl der Kinder und Vollzeit- bzw. Teilzeittätigkeit, früheres Bundesgebiet, 2004; Quelle: Statistisches Bundesamt.*

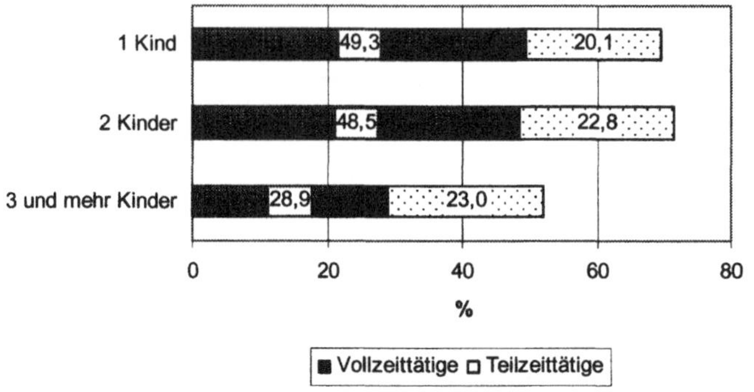


*Abb. 26: Erwerbstätigenquoten von Frauen mit Kindern nach Anzahl der Kinder und Vollzeit- bzw. Teilzeittätigkeit, neue Länder und Berlin-Ost, 2004; Quelle: Statistisches Bundesamt.*

Unabhängig von der *Kinderanzahl* sind die Mütter im früheren Bundesgebiet überwiegend in Teilzeit beschäftigt, während sie in den neuen Ländern häufiger auf Vollzeitstellen anzutreffen sind. Bemerkenswert ist, dass fast die Hälfte aller zweifachen ostdeutschen Mütter einer Vollzeitbeschäftigung nachgeht. Die ostdeutsche Vollzeitquote nimmt erst mit dem dritten Kind ab, wodurch die Teilzeitquote leicht ansteigt. Trotzdem ist der Anteil in Vollzeit beschäftigter Mütter von drei Kindern in den neuen Ländern mehr als doppelt so hoch wie im früheren Bundesgebiet. Im Westen der Republik geht der Anteil vollzeitbeschäftigter Frauen schon mit dem zweiten Kind zurück, wodurch der Anteil der teilzeitbeschäftigten zweifachen Mütter zunimmt. Diese Teilzeitquote fällt mit dem dritten Kind aber wieder ab.

Auch bei einer Differenzierung nach dem *Alter des jüngsten Kindes* fällt auf, dass im früheren Bundesgebiet die Teilzeitbeschäftigung und in den neuen Ländern die Vollzeitbeschäftigung dominiert. Beide Beschäftigungsformen steigen mit dem Alter des jüngsten Kindes an.[114] Die höchste Erwerbstätigenquote wird in beiden Landesteilen erreicht, wenn das jüngste Kind zwischen 15 und 18 Jahren alt ist. Gut 44 % der westdeutschen Frauen ist dann Teilzeit erwerbstätig, während über 57 % der Frauen in den neuen Ländern einer Vollzeitbeschäftigung nachgehen.

[114] Die einzige Ausnahme bildet die Teilzeitbeschäftigung im früheren Bundesgebiet. Diese ist bei Frauen mit einem jüngsten Kind im Alter von 15-18 Jahren niedriger als bei Müttern von 10- bis 15-jährigen Kindern.

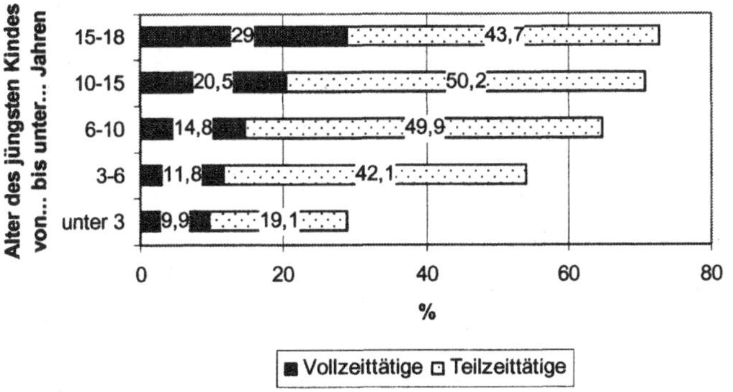


*Abb. 27: Erwerbstätigenquoten von Frauen mit Kindern nach Alter des jüngsten Kindes und Vollzeit- bzw. Teilzeittätigkeit, früheres Bundesgebiet, 2004; Quelle: Statistisches Bundesamt.*

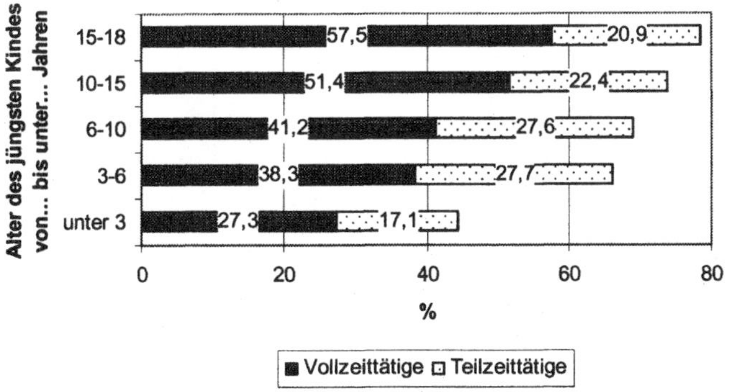


*Abb. 28: Erwerbstätigenquoten von Frauen mit Kindern nach Alter des jüngsten Kindes und Vollzeit- bzw. Teilzeittätigkeit, Neue Länder und Berlin-Ost, 2004; Quelle: Statistisches Bundesamt.*

Sind im früheren Bundesgebiet nicht mal ein Fünftel der Frauen mit einem Kleinkind (unter 3 Jahren) zumindest teilzeitbeschäftigt, verdoppelt sich in etwa dieser Anteil sobald der Nachkömmling das Kindergartenalter erreicht. Im Osten hingegen sind mehr als ein Viertel der Mütter von Kleinkindern beschäftigt – und zwar Vollzeit. Dieses Resultat wird ermöglicht durch die gut ausgebaute *Betreuungsinfrastruktur* in den neuen Ländern – insbesondere für die Kleinsten.[115] Wie Tabelle 6 zeigt, werden in den neuen Ländern mehr als ein Drittel

[115] Obwohl sich die Betreuungssituation in den neuen Bundesländern seit der Wiedervereinigung verschlechtert hat, ist sie noch immer weitaus besser als in den alten Bundesländern. Eine gut ausgebaute Betreuungsinfrastruktur ermöglicht Müttern erst eine Erwerbstätig-

der Unterdreijährigen außerhäuslich betreut, im früheren Bundesgebiet ist es gerade einmal etwas mehr als ein Zwanzigstel. Schon im frühen Kindergartenalter wird in Ostdeutschland eine Betreuungsquote von nahezu 90 % erreicht.

| | Früheres Bundesgebiet | Neue Länder und Berlin-Ost | Deutschland |
|---|---|---|---|
| Kinder unter 8 Jahren insgesamt | 100 | 100 | 100 |
| darunter: | | | |
| in Kinderkrippen, Kindergärten und Kinderhorten | 48,7 | 64,5 | 50,7 |
| davon: | | | |
| unter 3 Jahren | **5,8** | **36,6** | 10,2 |
| 3 Jahre | 54,7 | 86,4 | 58,6 |
| 4 Jahre | 85,2 | 89,5 | 85,8 |
| 5 Jahre | 92,9 | 89,4 | 92,5 |
| 6 bis unter 8 Jahren | 91,1 | 90,2 | 90,7 |

*Tab. 6: Kinder in Kinderkrippen, Kindergärten und Kinderhorten (in %), 2002; Quelle: Statistisches Bundesamt (2004).*

In den vorangegangenen Analysen konnte gezeigt werden, dass unter den Müttern im früheren Bundesgebiet die Teilzeitbeschäftigung überwiegt, wohingegen in den neuen Ländern die Mütter Vollzeitbeschäftigungen präferieren. Eine mögliche Ursache hierfür wurde im unterschiedlichen Ausbau des Kinderbetreuungssystems festgestellt. Abbildung 29 verdeutlicht weitere *Motive* für die Wahl einer bestimmten Beschäftigungsform.

keit. Dass ostdeutsche Mütter primär eine Vollzeittätigkeit wählen, hat auch gesellschaftshistorische Gründe. Da die Scheidungsrate in den neuen Bundesländern schon immer vergleichsweise hoch gewesen ist, sind ostdeutsche Mütter häufiger finanziell auf sich alleine gestellt. 2004 kamen in den neuen Bundesländern 95,5 Scheidungen auf 10.000 bestehende Ehen. Vor 20 Jahren waren es noch 122,4 Scheidungen pro 10.000 Ehen. Vgl. Emmerling, D. (2005), S. 1275.

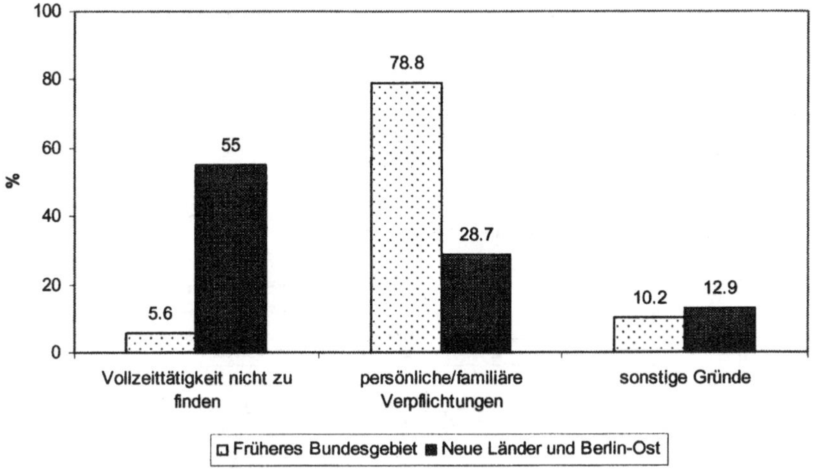


*Abb. 29: Teilzeittätige Frauen im Alter von 15 bis unter 65 Jahren mit Kindern nach Gründen für die Teilzeittätigkeit, 2004; Quelle: Statistisches Bundesamt.*

Im Gegensatz zum Osten Deutschlands, wo Frauen mit Kindern mehrheitlich nur deshalb eine Teilzeitbeschäftigung annehmen, weil sie keine Vollzeittätigkeit finden, ist die Teilzeitbeschäftigung im Westen eine arbeitsmarktunabhängige Entscheidung. Fast 80 % der teilzeittätigen Mütter geben als Grund für ihre Teilzeittätigkeit persönliche bzw. familiäre Verpflichtungen an. Dies ist ein weiteres Indiz für den Mangel an Kinderbetreuungseinrichtungen in Westdeutschland.

Abbildung 30 greift den Aspekt der Beschäftigungsform noch einmal auf. Es geht hierbei nicht mehr um das Pensum, welches Frauen am Arbeitsmarkt anbieten, sondern um die *innerfamiliäre Arbeitsteilung*, wenn Kinder in der Familie leben. Man sieht, dass in Deutschland zwei Beschäftigungsmodelle überwiegen: Entweder sind beide Ehepartner erwerbstätig (54,9 %) oder der Ehemann alleine (27,7 %). Seit der Wiedervereinigung hat das Allein-Ernährer-Modell des Mannes an Relevanz verloren, während das Doppel-Ernährer-Modell einen Bedeutungsgewinn erfahren hat. Die alleinige Erwerbstätigkeit der Ehefrau hat noch keine nennenswerte Bedeutung.

Kann man mittlerweile also davon ausgehen, dass beide Ehepartner gleichermaßen ihre Erwerbsarbeit am Arbeitsmarkt anbieten, kann bezüglich der unbezahlten Arbeit von partnerschaftlicher Arbeitsteilung keine Rede sein. Die nachfolgende Tabelle 7 zeigt die Zeitaufteilung von Männern und Frauen auf Erwerbstätigkeit, unbezahlte Arbeit und Freizeit. Es wird unterschieden, ob das Paar minderjährige Kinder hat oder kinderlos ist und welches Erwerbsmodell gelebt wird.

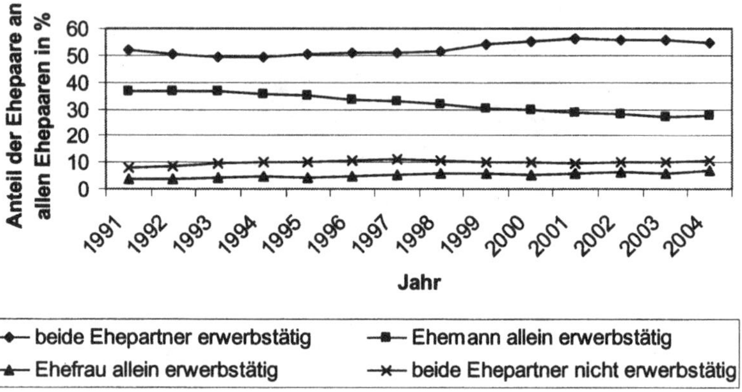


*Abb. 30: Erwerbstätigkeit der Ehepartner mit in der Familie lebenden ledigen Kindern (ohne Altersbegrenzung), Deutschland, 1991-2004; Quelle: Statistisches Bundesamt.*

Sind in einem Haushalt mit Kind(ern) beide Partner erwerbstätig, unterscheiden sich die Zeitbudgets von Mann und Frau hinsichtlich Erwerbstätigkeit und unbezahlter Arbeit nur gering. Allerdings sind die Schwerpunkte der Tätigkeiten verschoben. Geht der Mann den überwiegend Teil dieser Zeit einer (bezahlten) Erwerbstätigkeit nach, verbringt die Frau hingegen die meiste Zeit mit unbezahlten Tätigkeiten, wie der Hausarbeit und der Kinderbetreuung. Nicht erwerbstätige Mütter leisten im Vergleich zu erwerbstätigen Müttern gut 1 ¾ Stunden mehr unbezahlte Arbeit und haben im Gegenzug auch fast 45 Minuten täglich mehr Freizeit zur Verfügung. Vergleicht man erwerbstätige Frauen mit und ohne Kinder, zeigt sich, dass erwerbstätige Mütter den Mehraufwand an unbezahlter Tätigkeit durch gut 1 ¼ Stunden weniger Erwerbstätigkeit und eine halbe Stunde weniger Freizeit ausgleichen. Erwerbstätige Väter unterscheiden sich in ihrer Zeitaufteilung hingegen weniger von kinderlosen erwerbstätigen Männern. Es bleibt somit fest zu halten, dass erwerbstätige Mütter zeitlich am stärksten beansprucht sind: Sie wenden täglich 8 ½ Stunden für bezahlte und unbezahlte Arbeit auf und haben vergleichsweise wenig Freizeit.

| Tätigkeit | beide erwerbstätig | | | | Mann erwerbstätig | |
|---|---|---|---|---|---|---|
| | mit Kindern unter 18 Jahren | | ohne Kinder | | mit Kindern unter 18 Jahren | |
| | Männer | Frauen | Männer | Frauen | Männer | Frauen |
| | Stunden:Minuten (am Tag) | | | | | |
| Erwerbstätigkeit | 5:51 | **3:06** | 5:25 | **4:28** | 5:33 | 0:09 |
| Unbezahlte Arbeit | 2:48 | **5:22** | 2:33 | **3:26** | 3:11 | **7:33** |
| darunter: | | | | | | |
| Haus- und Gartenarbeit | 1:03 | 2:58 | 1:09 | 2:14 | 1:01 | 3:52 |
| Kinderbetreuung | 0:34 | **1:13** | 0:01 | 0:01 | 0:49 | **2:20** |
| Freizeit | 15:08 | **15:16** | 15:49 | **15:53** | 15:04 | **15:59** |
| darunter: | | | | | | |
| Soziales Leben/Unterhaltung | 1:31 | 1:48 | 1:53 | 2:01 | 1:33 | 1:49 |
| Sonstige Freizeitaktivitäten | 3:15 | 2:42 | 3:24 | 2:52 | 3:10 | 2:58 |
| Physiologische Regeneration | 10:22 | 10:46 | 10:32 | 11:00 | 10:21 | 11:12 |

*Tab. 7: Zeitverwendung von Frauen und Männern in Paarhaushalten 2001/2002; Quelle: Statistisches Bundesamt (2003 b).*

## 4.3 Der Zusammenhang zwischen Fertilität und Frauenerwerbstätigkeit

Aus den in den beiden vorangegangenen Kapiteln gewonnen Befunden für die EU – einerseits sinkende Geburtenraten, andererseits steigende Erwerbsbeteiligung von Frauen – lässt sich ein negativer Zusammenhang der beiden Größen vermuten. Für einen ersten, grafischen Eindruck über die Stärke des Zusammenhangs, trägt man die *Total Fertility Rate* und die *Female Labour Participation Rate* für die einzelnen EU-Länder in einem *Streudiagramm* (hier für das Jahr 1970) gegeneinander ab.

Legt man anschließend eine Gerade durch die Punktewolke in Abbildung 31, die auch durch den EU-Durchschnittswert verläuft, hat diese ein negatives Anstiegsmaß. Die Gesamtfruchtbarkeitsrate und die Frauenerwerbstätigkeit scheinen innerhalb der EU im Jahr 1970 tatsächlich in einem *negativen Zusammenhang* gestanden zu haben: Länder mit hoher TFR wiesen eine niedrige FLPR auf (bspw. Spanien), wohingegen in Länder mit ausgeprägter Frauenerwerbstätigkeit weniger Kinder zur Welt gebracht wurden (bspw. Schweden). Doch so eindeutig und eindimensional ist der Zusammenhang zwischen der Fertilität und der Frauenerwerbstätigkeit nicht (mehr), wie Abbildung 32 für das Jahr 2003 verdeutlicht:

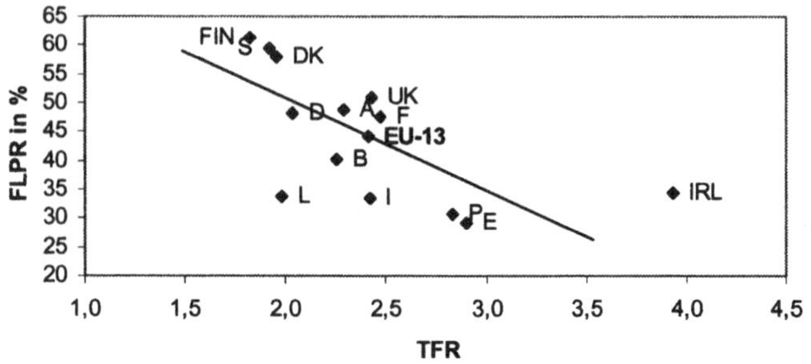


*Abb. 31: Total Fertility Rate und Female Labour Participation Rate, 1970; Quelle: OECD, Labour Force Statistics (1981) und Eurostat (2003).*

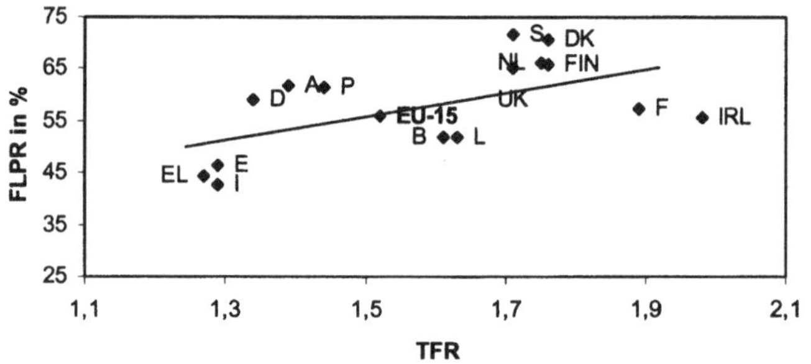


*Abb. 32: Gesamtfruchtbarkeitsrate und Frauenerwerbstätigkeit, 2003; Quelle: Eurostat (2004).*

Eine Gerade durch diese Punktewolke nimmt jetzt eine positive Steigung an. Länder wie Dänemark, die hohe Werte für die Fertilität haben, zeigen auch eine vergleichsweise starke Frauenerwerbsbeteiligung, während Länder wie bspw. Italien hinsichtlich beider Größen geringe Werte aufweisen. Die Beziehung zwischen TFR und FLPR zwischen den Ländern innerhalb der EU scheint über die Jahre ihr *Vorzeichen gewechselt* zu haben. Die Entwicklung des Zusammenhangs über die Zeit wird im Folgenden näher beleuchtet.
Zur Analyse der Stärke eines linearen Zusammenhangs zweier metrisch skalierter Merkmale bedient man sich u.a. des *Korrelationskoeffizienten nach Bravais-*

*Pearson* ρ (auch *Maßkorrelationskoeffizient* genannt).[116] Berechnet man den Maßkorrelationskoeffizienten zwischen der FLPR und der TFR *zwischen den EU-Ländern* und trägt die Werte im Zeitverlauf ab, ergibt sich folgendes Bild:

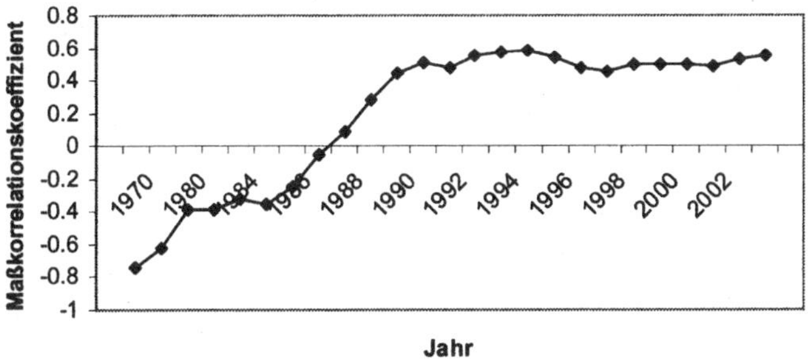


*Abb. 33: Maßkorrelationskoeffizient zwischen der FLPR und der TFR für die Länder der EU, 1965-2003; Quelle: OECD, Labour Force Statistics (versch. Jahrgänge) und Eurostat (2003).*

Der jährliche Korrelationskoeffizient zwischen der FLPR und der TFR stieg im Zeitraum zwischen 1965 und 2003 an. Bis zum Jahr 1986 wies er negative Werte auf. Dieses Ergebnis steht im Einklang mit dem Befund in Abbildung 31: Länder mit hoher TFR wiesen eine niedrige FLPR auf und umgekehrt. Seit 1987 verläuft der Maßkorrelationskoeffizient im positiven Bereich, bewegt sich allerdings seit Beginn der 90er Jahre relativ konstant um den Wert 0,5. Dieser besagt einen mittleren positiven Zusammenhang zwischen der TFR und der FLPR. Eine Überprüfung der Signifikanz dieser Werte mittels t-Test[117] führt bei einer Irrtumswahrscheinlichkeit von 5 % lediglich für die Jahre 1965, 1970, 1992 bis 1995 sowie 2002 und 2003 zu einer Ablehnung der Nullhypothese. Nur für diese Jahre kann von einem signifikant von Null verschiedenen Maßkorrelationskoeffizienten zwischen der TFR und der FLPR in den Ländern der EU ausgegangen werden.

Bedeutet der Vorzeichenwechsel des Maßkorrelationskoeffizienten zwischen den Ländern nun, dass sich auch der Zusammenhang zwischen der Frauenerwerbstätigkeit und der Fertilität *innerhalb der einzelnen Länder* im Zeitverlauf geändert hat? Oder ist die Umkehrung des Vorzeichens vielmehr das Resultat

[116] Vgl. Schulze, P.M. (2003), S. 135 ff.

[117] Für die Durchführung dieses Tests muss eine zweidimensional normalverteilte Grundgesamtheit vorliegen, was nach den Ergebnissen des Kolmogorov-Smirnov-Anpassungstests erfüllt ist.

anderer Effekte? Letzteres ist der Fall.[118] Die vermeintlich positive Korrelation, die seit 1987 beobachtet wird, ist von zwei Effekten beeinflusst: Einerseits der Heterogenität zwischen den einzelnen Ländern bezüglich der Größe des Zusammenhangs und andererseits unbeobachteten länderspezifischen Faktoren. Zur Verdeutlichung dieser Phänomene betrachte man Abbildung 34.

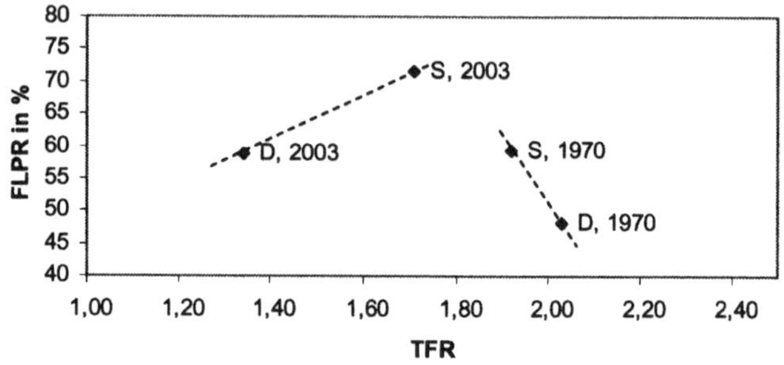


*Abb. 34: TFR und FLPR in Deutschland und Schweden, 1970 und 2003; Quelle: OECD, Labour Force Statistics (versch. Jahrgänge) und Eurostat (2003).*

Dort sind die TFR und die FLPR für Deutschland und Schweden zu den beiden Zeitpunkten 1970 und 2003 abgetragen. Die Abbildung illustriert den Vorzeichenwechsel des Zusammenhangs zwischen den beiden Ländern hinsichtlich *Total Fertility Rate* und *Female Labour Participation Rate* zu den verschiedenen Zeitpunkten. 1970 wies die Verbindungsgerade eine negative Steigung auf, 2003 hatte sie ihr Vorzeichen geändert.

Dieses Phänomen lässt sich zum einen durch länderspezifische Faktoren erklären, die u.a. dazu führen, dass zu beiden Zeitpunkten die FLPR in Schweden höher war als in Deutschland. Zum anderen ist der negative zeitliche Zusammenhang[119] zwischen der Fertilität und der Frauenerwerbstätigkeit in Schweden stärker als in Deutschland. Beide Effekten zusammen bewirken einen Wechsel im Vorzeichen des Zusammenhanges zwischen der TFR und der FLPR *zwischen* den beiden Ländern, obwohl der Zusammenhang *innerhalb* der Länder nach wie vor negativ ist.[120]

---

[118] Siehe für eine ausführliche Diskussion: Kögel, T. (2004).

[119] Diesen kann man sich grafisch als Verbindungslinie zwischen den beiden Punkten 1970 und 2000 für Schweden vorstellen. Die imaginäre Verbindungslinie hätte eine stärkere Steigung als eine entsprechende Linie für die beiden deutschen Datenpunkte.

[120] Dies wird deutlich, wenn man jeweils die zwei Zeitpunkte für Deutschland bzw. Schweden miteinander verbindet. Anzumerken sei an dieser Stelle, dass die Länderauswahl hier eine bedeutende Rolle für das Ergebnis spielt. Hätte man bspw. die Länder Frankreich und Ita-

Die bestehende negative Korrelation zwischen der Frauenerwerbstätigkeit und der Fertilität innerhalb der meisten Länder verdeutlicht die *Vereinbarkeitsproblematik* von Beruf und Familie, der sich die Frauen innerhalb dieser EU-Staaten gegenüber sehen. Auch für die politischen Entscheidungsträger bedeutet dieser Befund eine schlechte Nachricht, impliziert dieser Zusammenhang doch einen *Zielkonflikt*. Die Erreichung eines der beiden Ziele „Förderung der Frauenerwerbstätigkeit" oder „Erhöhung der Geburtenrate" impliziert eine Verringerung des Erreichungsgrades des anderen Ziels. Die einzelnen EU-Länder unterscheiden sich aber hinsichtlich des Ausmaßes dieses Zielkonfliktes. Je näher der (zeitliche) Maßkorrelationskoeffizient zwischen der TFR und der FLPR innerhalb eines Landes an dem Wert -1 liegt, desto ausgeprägter ist die Unvereinbarkeit zwischen Beruf und Familie dort. Abbildung 35 ordnet die Mitgliedstaaten der EU nach der Größe des Maßkorrelationskoeffizienten.

Die Niederlande, Luxemburg und Schweden zeigen überraschenderweise einen positiven Wert für den Korrelationskoeffizienten nach Bravais-Pearson auf. Der zeitliche Zusammenhang zwischen der Frauenerwerbstätigkeit und der Fertilität ist in diesen drei Ländern positiv, nur der Wert für die Niederlande signifikant gegen Null gesichert ist.[121] Im wobei Zeitraum zwischen 1965 und 2003 ist dort die Zunahme der Frauenerwerbstätigkeit mit einer Erhöhung der Fertilität einhergegangen. Dies bedeutet auch, dass die wirtschaftspolitischen Entscheidungsträger in den Niederlanden den vermeintlichen Zielkonflikt zwischen der „Förderung der Frauenerwerbstätigkeit" und der „Erhöhung der Geburtenrate" lösen konnten und sich das Vereinbarkeitsproblem zwischen Beruf und Familie für die Niederländerinnen nicht (mehr) stellt.

---

lien einander gegenüber gestellt, ließe sich kein Vorzeichenwechsel im Zusammenhang der FLPR und TFR *zwischen* den Ländern erkennen. Vielmehr hätte sich das negative Vorzeichen zwischen 1970 und 2003 in seinem Ausmaß noch verstärkt. Der zeitliche Zusammenhang zwischen den beiden Größen *innerhalb* Frankreichs bzw. Italiens wäre aber auch nach wie vor negativ.

[121] Ein t-Test auf Signifikanz der für die einzelnen Länder berechneten Korrelationswerte führte für folgende Länder auf dem 5 %-Signifikanzniveau (bzw. 10 %-Signifikanzniveau für Italien und Finnland) zur Ablehnung der Nullhypothese: die Niederlande, Deutschland, Irland, Österreich, Vereinigtes Königreich, Dänemark, Griechenland und Portugal. Die Maßkorrelationskoeffizienten für die genannten Länder sind somit signifikant von Null verschieden.

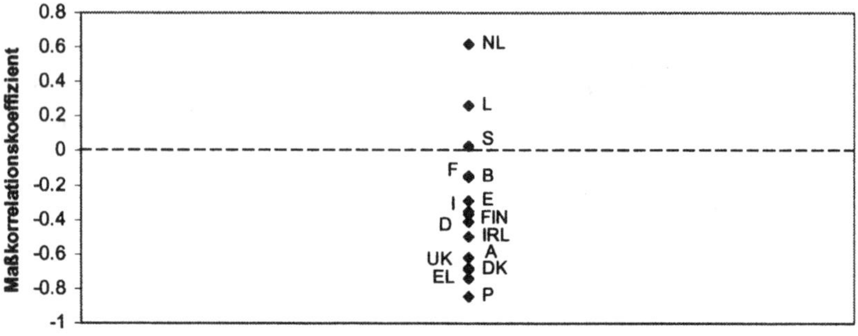


*Abb. 35: Maßkorrelationskoeffizient zwischen der FLPR und der TFR in den einzelnen Ländern der EU, 1965-2003; Quelle: OECD, Labour Force Statistics (versch. Jahrgänge) und Eurostat (2003).*

Hingegen sehen sich die Frauen in den übrigen Ländern, allen voran die Portugiesinnen, dieser Vereinbarkeitsproblematik gegenüber. In Portugal liegt der Maßkorrelationskoeffizient mit einem Wert von -0,85 am niedrigsten. Die Erhöhung der Frauenerwerbstätigkeit wurde mit einem deutlichen Einbruch der Geburtenrate erkauft. Auch aktuell sehen sich die portugiesischen Frauen dem Vereinbarkeitsproblem von Beruf und Familie gegenüber. Abbildung 36 bringt dies mittels des *„Vereinbarkeitsindexes für Familie und Beruf"* noch einmal zum Ausdruck. Dieser 2001 von der OECD entwickelte Index basiert u.a. auf den gesetzlichen Grundlagen zum Mutterschutz und zur Kinderbetreuung sowie der familienfreundlichen Ausgestaltung von Arbeitsverhältnissen. Er setzt sich aus fünf Teilindikatoren zusammen. Diese wurden auf den Mittelwert null und die Standardabweichung eins normiert und mit verschiedenen Gewichten zu einem Gesamtindikator verdichtet.

Berücksichtigt werden:

- Der Anteil an Kindern unter drei Jahren, der eine (öffentliche oder private) Kinderbetreuungseinrichtung besucht.
- Die Dauer das Mutterschutzes sowie die Höhe der Entgeltfortzahlung währenddessen.
- Die von Unternehmensseite freiwillige Freistellung der Eltern.
- Der Anteil der Eltern, der über flexible Arbeitszeiten verfügt.
- Der Anteil der Frauen, der freiwillig teilzeitbeschäftigt ist.

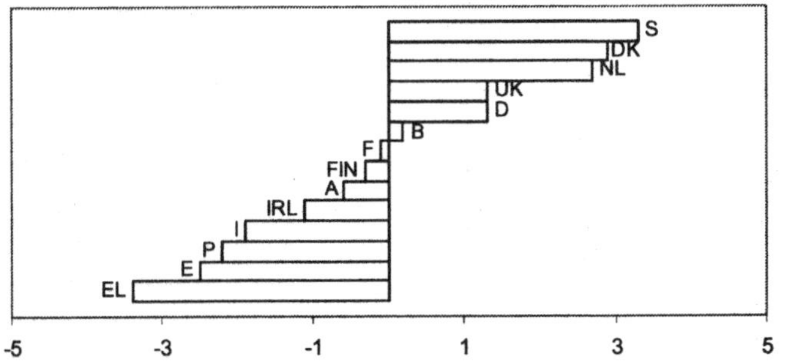


*Abb. 36: OECD-Vereinbarkeitsindex, Quelle: OECD, Employment Outlook (2001).*

Tendenziell stimmt größtenteils das Abschneiden der einzelnen Länder beim Vereinbarkeitsindex mit der Rangfolge nach dem Maßkorrelationskoeffizienten in Abbildung 35 überein. Länder mit negativem (positivem) Vereinbarkeitsindex weisen einen negativen (positiven) Korrelationskoeffizienten auf.[122] Schweden erreicht mit 3,3 den höchsten Wert für die Vereinbarkeit. Dieser Befund stimmt mit den Ergebnissen der eigenen deskriptiven Analysen überein, die für Schweden vergleichsweise hohe Werte für die TFR und die FLPR attestieren. Den niedrigsten Wert weist Griechenland mit -3,4 auf. Italien (-1,9) liegt im unteren, Deutschland (1,3) im oberen Mittelfeld. Frankreich erzielt einen Wert von -0,1 und bildet damit fast den Mittelwert ab.

## 4.4 Zwischenfazit aus den empirischen Befunden und Vergleich mit aktuellen Untersuchungen

Dieses Kapitel stellt die Besonderheiten Deutschlands im europäischen Kontext heraus, indem es die wichtigsten empirischen Resultate der vorangegangenen Kapitel zusammenfasst und sie in den Zusammenhang mit weiteren aktuellen Befunden einordnet. Des Weiteren werden Hinweise auf mögliche Determinanten für die spätere quantitative Analyse herausgearbeitet.

In keinem anderen europäischen Land haben die *Fertilitätsraten* so früh zu sinken begonnen wie in Deutschland. Bereits Ende der 70er Jahre war die deutsche Geburtenrate die weltweit niedrigste. Auch aktuell belegen wir mit 1,36 Kindern je Frau den hintersten Platz beim europäischen Fertilitätsvergleich, und es ist

[122] Es geht an dieser Stelle um eine prinzipielle Aussage. Abweichungen von diesem Befund sind mit dem unterschiedlichen Beobachtungszeitraum verbunden.

kein Aufwärtstrend erkennbar. Im Jahr 2005 kamen nur rund 676.000 Kinder auf die Welt. Gegenüber dem Vorjahr (706.000 Neugeborene) bedeutet dies einen Rückgang von über 4 % - der gewaltigste Einbruch der letzten 15 Jahre.[123]

Besonders Besorgnis erregend ist, dass auch die *gewünschte* Kinderzahl in Deutschland unter das Reproduktionsniveau gesunken ist. Wie in fast allen europäischen Ländern lag in der Vergangenheit die persönlich als ideal empfundene Kinderzahl auch in Deutschland im Durchschnitt zwischen zwei und drei Kindern je Frau.[124] Dieses Ideal war zwar deutlich höher als die Anzahl der tatsächlich geborenen Kinder, aber viele Demografen schöpften in diesem anhaltend hohen Kinderwunsch die Hoffnung, dass die Geburtenraten früher oder später wieder steigen würden. Neuere Untersuchungen auf Basis des Eurobarometers, einer 15.000-Personen-Stichprobe in der Europäischen Union, zeigen aber, dass die persönlich empfundene ideale Kinderzahl in Deutschland besonders bei jüngeren Frauen deutlich unter zwei Kinder gesunken ist.[125] Westdeutsche (ostdeutsche) Frauen im Alter zwischen 20 und 34 Jahren wünschen sich durchschnittlich nur noch 1,7 (1,6) Kinder. Mit diesen niedrigen Idealvorstellungen bilden die deutschen Frauen eine Ausnahme in Europa. Zwar ist überall in Europa die von jüngeren Frauen als ideal angesehene Kinderzahl niedriger als die von älteren Frauen, aber mit Ausnahme Österreichs (1,7) hat ansonsten kein anderes europäisches Land einen Durchschnittswert von unter zwei. Wird es weiterhin so sein, dass Frauen in Europa im Durchschnitt - realistisch betrachtet - ca. 0,3 Kinder weniger auf die Welt bringen als sie persönlich ideal finden, ist davon auszugehen, dass die sinkende Idealvorstellung zu weiter abnehmenden Geburtenraten führen wird.[126] Diese mögliche Abwärtsspirale sollte bei der Ableitung wirtschaftspolitischer Handlungsempfehlungen zur Erhöhung der Geburtenrate Berücksichtigung finden.

In Kapitel 4.1 wurde gezeigt, dass die in Deutschland zu beobachtende, niedrige Fertilitätsrate hauptsächlich auf den wachsenden Anteil kinderloser Frauen zurück zu führen ist. Auch hier nimmt Deutschland eine weltweit beispiellose Spitzenposition ein. In keinem anderen Land der Welt bleiben so viele Frauen, im Besonderen die hoch qualifizierten, kinderlos wie in Deutschland. Innerhalb des in Kapitel 4.1 vorgenommenen Ländervergleichs weist Deutschland den höchsten Anteil an Frauen mit einem Kind auf, sodass 47 % der deutschen Frau-

---

[123] Vgl. Müller, U. / Peter, J. (2006), S. 3.
[124] Vgl. Lutz, W. / Milewski, N. (2004), S. 1.
[125] Vgl. Goldstein, J. / Lutz, W. / Testa, M.R. (2003), S. 9.
[126] Vgl. Lutz, W. / Milewski, N. (2004), S. 2.

en (des Jahrgangs 1955) höchstens ein Kind haben. Die ausgeprägte und zunehmende Kinderlosigkeit sowie die stabile Anzahl der 2-Kind-Familie zusammen mit dem starken Rückgang der Mehrkindfamilie führen zur bimodalen Verteilung deutscher Kinderzahlen. Diese Beobachtung gilt allerdings nicht für Akademikerinnen. Trotz der in der öffentlichen Diskussion genannten widersprüchlichen Angaben über die Höhe der Kinderlosigkeit unter den hoch qualifizierten Frauen steht fest, dass auch und gerade unter den Akademikerinnen die Kinderlosigkeit zugenommen hat.

Dass die Kinderlosigkeit gerade bei den gut ausgebildeten Frauen besonders stark ausgeprägt ist, lässt sich ökonomisch anhand des Opportunitätskosten-Konzepts erläutern. Insbesondere bei schwach entwickelten öffentlichen und privaten Betreuungseinrichtungen steigen mit besseren Karriere- und Einkommenschancen die indirekten Kosten einer kindbedingten Erwerbspause. Bei weniger qualifizierten Frauen liegen die Opportunitätskosten des Mütter-Werdens niedriger. Diese Frauen entscheiden sich zwar auch in zunehmendem Maße gegen Kinder, versuchen aber auch über Teilzeitbeschäftigungen den Spagat zwischen beruflichen und privaten Wünschen zu meistern. 53 % der Mütter sind teilzeitbeschäftigt. Bei den Frauen insgesamt beträgt die Teilzeitquote 37 %. Innerhalb der in Kapitel 4.2 analysierten Länder weist Deutschland mit 20 %-Punkten die vergleichsweise größte Differenz in der Beschäftigungsquote von Frauen mit und ohne Betreuungspflichten auf. Dies ist ein Indiz für die bestehenden Probleme, Beruf und Familie unter einen Hut zu bringen, wie sie hauptsächlich in Westdeutschland bestehen.

Dort wo Betreuungsnetzwerke funktionieren, sind Frauen eher erwerbstätig. So bestehen nach wie vor Unterschiede im Erwerbsverhalten zwischen Ost- und Westdeutschland. Die *Erwerbstätigkeit* ostdeutscher Mütter geht erst mit dem dritten Kind zurück, während sie im Westen schon mit dem zweiten abnimmt. Die Mütter von Kindern aller Altersklassen sind in den neuen Ländern häufiger erwerbstätig als im früheren Bundesgebiet. Unabhängig von der Anzahl und dem Alter der Kinder überwiegt im Osten des Landes die Vollzeitbeschäftigung. Im früheren Bundesgebiet dominieren hingegen die Teilzeitstellen.[127]
Die persistente Vereinbarkeitsproblematik wurde in Kapitel 4.3 anhand des zeitlichen Maßkorrelationskoeffizienten quantifiziert, der für Deutschland negativ

[127] Dass in Ostdeutschland die Erwerbstätigkeit der Mütter stärker ausgeprägt ist als im Westen der Republik hängt sowohl mit den besseren Möglichkeiten der Kinderbetreuung zusammen als auch mit dem größeren finanziellen Zwang ostdeutscher Frauen. Vgl. hierzu Fußnote 115.

ist. Ein negativer Wert für dieses Zusammenhangsmaß besagt, dass im Zeitverlauf die Erhöhung der Frauenerwerbstätigkeit mit einer Abnahme der Geburtenrate einhergegangen ist. Nicht zuletzt die Tatsache, dass Deutschland Schlusslicht im Europa-Ranking der Familienfreundlichkeit[128] ist, macht den wirtschaftspolitischen Handlungsbedarf in diesem Land deutlich. Wollen sich zukünftige Maßnahmen am Erfolg messen lassen, müssen sie mehr als bisher in ein ganzheitliches Konzept[129] eingebunden werden. Der Konzeption *ursachenadäquater familienpolitischer Maßnahmen* muss eine detaillierte Erforschung der Gründe für die Vereinbarkeitsproblematik und das Geburtendefizit vorusgehen.

Ein Vergleich zwischen Deutschland und Ländern mit vergleichbaren ökonomischen Rahmenbedingungen, wie bspw. Frankreich und Schweden, kann erste Hinweise für Fehlentwicklungen und Fehlanreize liefern. So zeigten die eigenen deskriptiven Analysen, dass Schweden und Frankreich im Ländervergleich bezüglich Fertilitätsrate und Frauenerwerbstätigkeit Vorreiter sind. Auch der OECD-Vereinbarkeitsindex weist zufrieden stellende Werte aus. Es stellt sich die Frage, was diese Länder besser machen und in welchen Bereichen Deutschland von ihnen lernen kann.

Frankreich besitzt ein flächendeckendes Kinderbetreuungssystem, da von staatlicher Seite hauptsächlich in Kinderkrippen (Crèche), Kindergärten (École Maternelle) und Einrichtungen zur Nachmittagsbetreuung investiert wird. 1,46 % des BIP fließen in Geldleistungen, lediglich 1,23 % in Dienstleistungen.[130] Zudem werden Zuschüsse für die Betreuung von Kindern in der eigenen Wohnung durch ausgebildete Kräfte gezahlt. Jedoch gibt es in Frankreich für das erste Kind kein Kindergeld und für das zweite zwar nur 117 Euro, dafür wird für das

---

[128] Anhand der Ergebnisse des *„Familienatlas 2005"*, einer von der Prognos AG in Kooperation mit dem Bundesfamilienministerium und der Wochenzeitung DIE ZEIT erstellten Studie zur Familienfreundlichkeit, lassen sich deutliche Unterschiede in den Familienfreundlichkeitsprofilen der einzelnen Regionen Deutschlands ausmachen. Familienfreundlichkeit wurde mit 16 Indikatoren gemessen, die in fünf Themenkategorien zusammengefasst sind: „Demografie", „Betreuungsinfrastruktur", „Bildung & Arbeitsmarkt", „Vereinbarkeit von Familie & Beruf" und „Sicherheit & Wohlstand". Familienfreundlichkeit setzt sich aus der Kombination der unterschiedlichen Faktoren zusammen. Jede Region in Deutschland lässt sich anhand der Kriterien in eine der acht Gruppen einordnen. Der Familienatlas identifiziert die vorrangigen regionalen Handlungsfelder und zeigt die Wachstumspotenziale auf, die sich durch gezielte familienfreundliche Politik vor Ort erschließen lassen. Der „Familienatlas 2005" kann im Internet unter: *http://www.prognos.com/familienatlas/p_familienatlas.pdf* herunter geladen werden. Vgl. Prognos AG (2005).

[129] Dies ist u.a. Gegenstand des Kapitels 5.5 dieser Arbeit.

[130] Vgl. Rürup, B. / Gruescu, S. (2003), S. 36.

dritte Kind mit 267 Euro deutlich mehr gezahlt.[131] Besondere Anreize zum Kinderkriegen setzt das französische Einkommensteuersystem. Im Vergleich zu kinderlosen Paaren sinkt das zu versteuernde Einkommen bei Familien mit zwei Kindern um ein Drittel, bei drei Kindern sogar um die Hälfte. Frankreich betreibt zugleich eine Politik, die die Berufstätigkeit der Frau fördert. Weil der Bedarf an Frauen in der Berufswelt stetig zunimmt, ist die finanzielle Förderung auf die frühe Phase der Mutterschaft konzentriert. Die Berufstätigkeit der Mütter ist eine Selbstverständlichkeit.

Auch in Schweden wird der Großteil der Mittel für Familienförderung für staatliche Betreuungs- und Bildungsangebote ausgegeben, lediglich 30 % der Leistungen sind Transfers. So werden dann auch 50 % der Kleinkinder unter drei Jahren in staatlichen Einrichtungen oder von kommunal beschäftigten Tagesmüttern betreut.[132] Die Öffnungszeiten der staatlichen Betreuungseinrichtungen sind an die Arbeitszeiten der Eltern angepasst.

Deutschlands Familienpolitik setzt den Schwerpunkt hingegen auf großzügige Einkommenszuschüsse wie Kinder-, Mutterschafts- und Erziehungsgeld sowie Freibeträge. 1,93 % des BIP fließen in Geldleistungen, 0,80 % in Dienstleistungen.[133] Nach aktueller Bestandsaufnahme des Bundesfinanzministeriums erhalten Familien knapp 100 Milliarden an Förderung.[134] Der größte Posten umfasst das Kindergeld und die steuerlichen Freibeträge, für die in diesem Jahr 36,1 Milliarden Euro angesetzt sind.[135] Dass angesichts leerer Kassen die Milliarden an Familienförderung gezielter eingesetzt werden müssen, ist unumstritten. So sagt der Vergleich mit Frankreich und Schweden weniger Transferleistungen und mehr Ausgaben für die Betreuungsinfrastruktur an. Hierauf wird in Kapitel 5.4 dieser Arbeit noch einmal eingegangen.

Auch einige neuere Untersuchungen haben sich bereits mit den möglichen Gründen für das Geburtendefizit in Deutschland auseinander gesetzt. Laut einer aktuellen Studie des Instituts für Demoskopie Allensbach und des Forsa-Instituts zu den *„Einflussfaktoren auf die Geburtenrate“*[136] spielen sowohl ökonomische

---

[131] Vgl. Solms-Laubach, F. (2006), S.3.
[132] Vgl. Rürup, B. / Gruescu, S. (2003), S. 33.
[133] Vgl. Rürup, B. / Gruescu, S. (2003), S. 36.
[134] Vgl. Siems, D. (2006), S. 1.
[135] Vgl. Siems, D. (2006), S. 1.
[136] Die Studie „Einflussfaktoren auf die Geburtenrate“ des Instituts für Demoskopie Allensbach findet man im Internet unter: *http://www.ifd-allensbach.de/pdf/akt_0407.pdf*. Vgl. Institut für Demoskopie Allensbach (2004).

Erwägungen als auch persönliche Gründe eine Rolle bei der Familienplanung. Die deutschlandweite Repräsentativbefragung der 18-44jährigen Bevölkerung erfragte in einem ersten Teil, welche Voraussetzungen unbedingt erfüllt sein sollten, bevor man Kinder bekommt. 72 % der Befragten antworteten darauf, dass einer der beiden Partner beruflich in einer gesicherten Position ist bzw. dass die finanzielle Situation gut ist (62 %). Lediglich ein Viertel der Befragten waren der Meinung, dass ausreichend Betreuungsmöglichkeiten zur Verfügung stehen müssten, bevor sie sich für Kinder entscheiden. In einem zweiten Teil der Studie wurden Kinderlose nach den Gründen befragt, die ihrer Ansicht nach gegen Kinder sprechen. Fast die Hälfte (47 %) sagt, „ein Kind wäre eine zu große finanzielle Belastung". 37 % der befragten Kinderlosen fürchten, dass sich ihre beruflichen Pläne nur schwer mit einem Kind vereinbaren lassen. 28 % gaben zur Antwort, sie hätten noch nicht den richtigen Partner gefunden. Somit stellen sich als wichtigste Gründe für die zunehmende Kinderlosigkeit die Angst vor materiellen Einbußen und einem Karriereknick sowie das Fehlen einer stabilen Partnerschaft heraus.

Das Institut für Demoskopie Allensbach hat eine weitere Studie durchgeführt. Im Auftrag der G+J-Zeitschriften ELTERN und ELTERN for family untersuchte es in der *„FamilienAnalyse 2005"* die wirtschaftliche Situation junger Familien sowie deren Einstellungen und Wünsche.[137] Die Untersuchung macht deutlich, dass Familien in Deutschland ein Imageproblem haben. Befragt, was sich Eltern vom Staat wünschen, äußerten sie vor allem ein kinder- und familienfreundlicheres Umfeld sowie größere gesellschaftliche Anerkennung für ihre Kindererziehung. Auch Kinderlose mit Kinderwunsch wünschen sich primär eine kinderfreundlichere Gesellschaft. Als Gründe für ihren Verzicht auf Kinder nannten sie einen fehlenden Partner (44 %), Sorge um den Arbeitsplatz (39 %) und bestehende Zufriedenheit auch ohne Kinder (44 %). Fehlende Kinderbetreuungsmöglichkeiten sind nur für 9 % der Befragten ein relevanter Grund. Beide letztgenannten Untersuchungen kommen somit einvernehmlich zu dem Ergebnis, dass es für eine höhere Geburtenrate zwingend erforderlich ist, den Stellenwert von Familien in der Gesellschaft deutlicher als bisher heraus zu stellen und die gesellschaftsrelevanten Leistungen von Familien zu honorieren.
Obwohl die Entscheidung für oder gegen Kinder eine individuelle ist, wirken nämlich auf diese auch gesellschaftliche Rahmenbedingungen ein. In der Litera-

---

[137] Befragt wurden 2831 Personen ab 14 Jahren mit mindestens einem Kind unter 14 Jahren im Haushalt. Unter *http://www.eltern.de/pdf/mkml_fa2005.pdf* kann die Dokumentation der Studie herunter geladen werden. Vgl. Institut für Demoskopie Allensbach (2005).

tur[138] werden mittlerweile *sechs Ursachen* von übergeordneter Bedeutung genannt, die bei der Familiengründungs-Entscheidung junger Paare von besonderer Bedeutung sind. Die Ursachen, sich für oder gegen ein Kind zu entscheiden, sind nicht monokausal, sondern werden von einer Reihe von Gründen bestimmt, die untereinander in interdependentem Zusammenhang stehen. Wie bereits die beiden Allensbach-Umfragen deutlich machten, setzt die Entscheidung für ein Kind grundsätzlich Sicherheit und Stabilität voraus. Sind die Zukunftsaussichten unsicher und instabil, wird eher auf Nachwuchs verzichtet. Unsere Gesellschaft weist aber instabile Züge auf. Vor diesem Hintergrund sind die folgenden Gründe für das niedrige Fertilitätsniveau in Deutschland zu sehen.

Als *erster* Grund für die niedrige deutsche Geburtenrate wird die Pluralisierung unserer Gesellschaft genannt. Gab es vor einigen Jahrzehnten noch Standardbiografien, die für den Einzelnen die Stationen des Lebens wie selbstverständlich vorsahen (Schule, ggf. Ausbildung, Heirat und Ehe bis zur Verwitwung, Geburt von Kindern und Großelternschaft), wurden diese von einer Vielzahl alternativer Lebensformen abgelöst. Als Beispiele seien hier nichteheliche Partnerschaften, Singles und allein Erziehende, Patch-Work-Familien und Paare mit getrennter Haushaltsführung genannt. Viele dieser Lebensformen sehen nicht mehr zwangsläufig Kinder vor. Hinzu kommt, dass die Entscheidung für Kinder heute häufig sehr bewusst gefällt wird, weil sie Ausdruck einer Wahlmöglichkeit zwischen alternativen Lebensgestaltungen ist. Kinder zu bekommen ist keine normative Verbindlichkeit mehr, sondern nur noch eine von mehreren Optionen neben dem Drang nach Selbstverwirklichung, Freiheit und Erlebnisorientierung. Als Konsequenz aus dieser Qual der Wahl verzichten deutsche Paare immer häufiger ganz auf Kinder.[139]

Eine *zweite* Ursache hängt eng mit der eben genannten zusammen. Frauen sehen eine harmonische und stabile Partnerschaft als wichtiges Kriterium für die Realisierung ihres Kinderwunsches an. Da auch Partnerschaften und Ehen zunehmend nur noch eine Option auf Zeit zu sein scheinen, verzichten Frauen lieber auf Kinder. Somit wirkt sich die Instabilität von Partnerschaften negativ auf die Geburtenrate aus.

---

[138] Vgl. Lipinski, H. / Stutzer, E. (2004), S. 1 ff.

[139] Diese Konsequenz ist keinesfalls eine zwingende. In anderen europäischen Ländern bekommen Paare trotz der sich ihnen bietenden Vielfalt an Möglichkeiten zumindest ein Kind, verzichten dann aber auf weitere.

Der *dritte* Grund für die anhaltend niedrigen Geburtenraten klingt paradox. Denn die hohe Wertschätzung, die Kindern heutzutage entgegen gebracht wird, gilt als Ursache auf Kinder zu verzichten, wenn man ihnen die als „ideal“ geltenden Verhältnisse nicht bieten kann. Während man früher Kinder einfach bekam, fällt die Entscheidung heute sehr bewusst. Man möchte den Kindern ein erfolgreiches und glückliches Leben ermöglichen. Sieht man sich als Eltern dazu außer Stande, verzichtet man lieber auf den Nachwuchs.

Junge Frauen haben heute zwei Ziele in ihrer Lebensplanung. Sie möchten sowohl Familie als auch beruflich erfolgreich sein. Darin liegt die *vierte* Ursache für das Geburtendefizit. Denn die Anforderungen an die Mutterschaft sind die gleichen geblieben wie zu Zeiten als die einzige Lebensaufgabe einer Frau in der Kindererziehung bestand. Eine gute Mutter hat rund um die Uhr für ihr Kind da zu sein und viel Liebe, Kraft und Zeit aufzuwenden. Diese Zeit fehlt dann im Erreichen beruflicher Ziele, was eine Vereinbarkeit von Familie und Berufstätigkeit nur sehr schwer möglich macht.[140] Die Folgen sind eine Verschiebung der (Erst-)Geburt in ein höheres Alter. Allein zwischen 1991 und 2002 ist das durchschnittliche Erstgebäralter in Deutschland von 26,9 auf 29,3 Jahre angestiegen. Die meisten Kinder (32 %) werden heute von 30-34jährigen Müttern geboren.[141] Im Extremfall wird die Geburt des (ersten) Kindes so lange hinaus geschoben, bis es aus biologischen Gründen nicht mehr möglich ist, einen (weiteren) Kinderwunsch zu realisieren. Auch die in unserem Land üblichen, langen Ausbildungszeiten führen zu einem Anstieg des Familiengründungsalters.

Unsicherheiten, wie sie zur Zeit in der deutschen Gesellschaft in Form von hoher Arbeitslosigkeit, Unklarheit über den Fortbestand der Sozialsysteme, hoher Verschuldung und wirtschaftlichem Abschwung bestehen, tragen dazu bei, dass Paare mit der Realisation eines vermeintlichen Kinderwunsches erst einmal abwarten bzw. ihn ganz aufgeben. Hier liegt die *fünfte* Ursache für die niedrige Fertilitätsrate.

---

[140] In Deutschland fehlt es in weiten Teilen noch an der gesellschaftlichen Akzeptanz der Berufstätigkeit von Müttern. Andere europäische Länder sind diesbezüglich fortschrittlicher. In Schweden bspw. sind über 60 % der Bevölkerung der Meinung, dass die Berufstätigkeit der Frau auch bei einem kleinen Kind im Haushalt selbstverständlich ist. In Deutschland liegt dieser Anteil konstant seit Jahren unter einem Drittel. Frankreich bietet Eltern ein flächendeckendes Betreuungs- und Ganztagesschulen-System. Ein vergleichbares Modell wird in Deutschland gerade erst diskutiert. Vgl. Lipinski, H. / Stutzer, E. (2004), S. 7.

[141] Vgl. Statistisches Bundesamt (2004), S. 40.

Der *sechste* Grund für die ausbleibenden Geburten wird in der schwierigen ökonomischen Situation von Familien gesehen. Kinderreiche Familien und allein Erziehende[142] gehören in Deutschland zu den am stärksten von relativer Armut betroffenen Gruppen. Die Hauptursache der niedrigen Einkommensposition von Familien ist in der Nicht-Erwerbstätigkeit der Mütter zu sehen. Die meisten Familien müssen in der Regel mit dem Einkommen eines (meist männlichen) Hauptverdieners auskommen. Damit haben sie pro Kopf deutlich weniger Geld zur Verfügung als kinderlose Paare oder Singles. Kinder können somit zur Karrierebremse und schließlich zum Armutsrisiko werden. Andererseits ist ein Phänomen zu beobachten, das Soziologen als „down-breeding" bezeichnen. Gemeint ist damit die Tatsache, dass sich Kinder vornehmlich in Schichten mit schwacher Bildung, geringem sozialen Status und kleinem Einkommen herausbilden. Daraus ergibt sich eine Polarisierung in der Bildung von gesellschaftlichen Gruppen, die Deutschlands Kinder zur Welt bringen: einerseits sind es die Sozialhilfeempfänger und andererseits die Besserverdienenden, die sich Kinder leisten können.

Im Zentrum der vorliegenden Arbeit steht die empirische Analyse des Zusammenhangs zwischen Frauenerwerbstätigkeit und Fertilität. Im folgenden Kapitel wird zu diesem Zweck ein ökonometrisches Modell aufgestellt und mit Daten des Familiensurveys gespeist. Im Familiensurvey sind Variablen enthalten, die zum einen die Frauenerwerbstätigkeit und zum anderen die Fertilität determinieren könnten. Die Herangehensweise zur Festlegung dieser Determinanten ist eine explorative. Die auf den vorangegangenen Seiten zusammengefassten empirischen Ergebnisse aus den eigenen deskriptiven Analysen und anderen Untersuchungen dienen als Ansatzpunkte zur Ableitung möglicher erklärender Variablen im ökonometrischen Modell. Vor diesem Hintergrund scheinen folgende soziodemografischen und ökonomischen Merkmale bei der Erwerbstätigkeits- und/oder Fertilitätsentscheidung eine Rolle zu spielen: das Alter der Frau, ihr Familienstand bzw. ihre Lebensform, das Vorhandensein von Kindern, deren Anzahl und Alter sowie die vorhandenen Betreuungsmöglichkeiten, der Bildungsstand der Frau, ihre (Nicht-)Berufstätigkeit, das Einkommen sowie ihre persönlichen Einstellungen/Werte.

So konnte weiter oben gezeigt werden, dass gerade in den jüngeren Geburtskohorten der Anteil kinderloser Frauen zugenommen hat. Die Variable *„Alter der Frau"* scheint somit Einfluss auf ihr Fertilitätsverhalten zu haben. Auch das Er-

---

[142] 2004 erreichten allein Erziehende im Vergleich zur Gesamtbevölkerung gerade einmal 62 % des Haushaltsnettoeinkommens. Vgl. Institut für Demoskopie Allensbach (2005).

werbsverhalten der Frau ist abhängig von ihrem Alter - wie in den Abbildungen 22-24 des Kapitels 4.2 zu sehen ist. Der Konkavität der dort dargestellten, altersspezifischen Erwerbstätigenquoten wird durch die Berücksichtigung des *Quadrates des Alters* als mögliche Determinante Rechnung getragen.

Da die Zunahme der Kinderlosigkeit bei den gut ausgebildeten Frauen besonders ausgeprägt ist, könnte der *Bildungsstand der Frau* als weitere, mögliche erklärende Variable dienen. Diese Beobachtung hängt eng mit den höheren Opportunitätskosten zusammen, die gut ausgebildete Frauen bei Aufgabe ihrer Erwerbstätigkeit zugunsten der Erziehung eines Kindes zu tragen haben. Die Erwerbstätigkeit hängt folglich sowohl vom Bildungsstand der Frau als auch von den *Betreuungsmöglichkeiten* ab.

Da der Zusammenhang zwischen den beiden zu erklärenden Variablen *„Erwerbstätigkeit"* und *„Muttersein"* das Analyseziel ist, sollten diese Merkmale auch jeweils gegenseitig als Erklärungsgrößen einfließen, um der bilateralen Abhängigkeit Rechnung zu tragen. Zudem sollte der *Umfang der Erwerbstätigkeit* bei der Analyse der Fertilität berücksichtigt werden. Weiter erscheint es sinnvoll, die Erwerbstätigkeit der Frau für die *Anzahl* und das *Alter der Kinder* zu kontrollieren, weil in den empirischen Analysen eine Abhängigkeit der Erwerbstätigkeit der Mutter von der Anzahl und dem Alter ihrer Kinder gefunden werden konnte.[143]

Die Untersuchungen des Instituts für Demoskopie Allensbach kamen zu dem Ergebnis, dass sich das Vorhandensein einer stabilen Partnerschaft und eine entspannte ökonomische Situation positiv auf die Fertilität auswirken. Somit sollten *Einkommensgrößen* sowie Angaben zur *Partnerschaft* und zum *Familienstand* mitberücksichtigt werden.

Darüber hinaus unterstreichen die Allensbach-Studien die Relevanz *persönlicher Einstellungen und Wertvorstellungen der Frau* für eine höhere Geburtenrate. Informationen hierüber könnten die individuelle Kinderzahl beeinflussende Faktoren sein. Bevor die Relevanz dieser abgeleiteten Variablen im folgenden Kapitel empirisch überprüft wird, beginnt dieses mit der Beschreibung der gewählten Methodik.

[143] Vgl. Abbildungen 25-28.

# 5 QUANTITATIVE ANALYSE

## 5.1 Qualitative Wahlhandlungsmodelle bei Vorliegen von Paneldaten

### 5.1.1 Analyse von Paneldaten

Eine klassische ökonometrische Analyse umfasst vier Arbeitsphasen. Die erste Phase besteht aus der Spezifikation des Modells und der Datenbeschaffung. Daran schließt sich die Schätzung der Modellparameter an. In einem dritten Schritt werden die Schätzergebnisse nach statistisch-ökonometrischen Kriterien beurteilt. Fällt diese Beurteilung zufrieden stellend aus, kann in einer vierten und letzten Phase eine Prognose auf Basis des geschätzten Modells erfolgen.

Neben den Spezifikationsfragen stellen folglich die Überlegungen zur Datenbasis die grundlegende Voraussetzung für eine erfolgreiche ökonometrische Analyse dar. Hierbei hat der Anwender im Vorfeld der Analyse die richtungweisende Frage zu klären, welche Datenart benötigt wird bzw. für die Fragestellung die angemessene ist. Grundsätzlich lassen sich u.a. folgende Datenarten unterscheiden: Zeitreihendaten, Querschnittsdaten und Paneldaten. Zeitreihendaten werden auch Längsschnittsdaten genannt und umfassen Merkmalsbeobachtungen zu unterschiedlichen Zeitpunkten. Bei Querschnittsdaten hingegen werden zu einem bestimmten Zeitpunkt verschiedene Merkmalsträger beobachtet. Eine Kombination aus diesen beiden Datenarten, also eine Querschnittsuntersuchung zu verschiedenen Zeitpunkten, fasst man unter dem Begriff Datenpool zusammen. Findet die Befragung einer *bestimmten* Gruppe von Merkmalsträgern *regelmäßig* und zum *gleich bleibenden* Sachverhalt statt, liegen Paneldaten vor. Diese stehen im Zentrum dieses Kapitels.

Paneldaten weisen somit Charakteristika sowohl von Längsschnitt- als auch von Querschnittsdaten auf. Sie entstehen aus Befragungen einer repräsentativen Stichprobe der gleichen N Untersuchungseinheiten zu T äquidistanten Zeitpunkten. Demnach existieren für jede Einheit über die Zeit mehrere Beobachtungen.[144] Bei Paneldaten im engeren Sinne, sog. *balanced panels*, liegt für jede der N Untersuchungseinheiten die gleiche Anzahl an Beobachtungen T vor, wobei typischerweise eine große Anzahl von Individuen über einen relativ kurzen Zeitraum beobachtet wird. Die folgenden Ausführungen beruhen auf balanced panels.

---

[144] Vgl. Arminger, G. (1997), S. 193.

Aus der Kombination der Querschnitts- und Zeitreihendimension ergibt sich eine Reihe von *Vorteilen*. Die Stichprobengröße eines Paneldatensatzes beträgt $N \times T$. Aufgrund der, gegenüber reinen Querschnitts- bzw. Längsschnittdaten, verbreiterten Datenbasis erhöhen sich die im Datensatz enthaltenen Informationen, und die Anzahl zur Verfügung stehender Freiheitsgrade steigt an. Dadurch können relativ effizientere Schätzergebnisse erzielt werden. Die für Paneldatensätze typische, größere Streuung zwischen den Variablen vermindert die Gefahr von Multikollinearität.[145] Paneldaten bieten auch bessere Möglichkeiten zur Vermeidung von Fehlspezifikationen aufgrund von Vernachlässigung erklärungsrelevanter Variablen. Die Folge dieses „omitted variable bias" sind im Allgemeinen inkonsistente Schätzergebnisse. Diese Verzerrung aufgrund unbeobachteter Heterogenität in den Variablen kann bei der Verwendung von Paneldaten vermieden werden, weil individuen- und/oder periodenspezifische Effekte explizit berücksichtigt werden.[146] Ein ganz wesentlicher Vorteil der Paneldatenanalyse liegt darin, dass es mit deren Hilfe möglich ist, für ökonomische Fragestellungen interessante Änderungsdynamiken abzubilden. Wird bspw. in einer wiederholten Querschnittsuntersuchung beobachtet, dass 50 % der Frauen erwerbstätig sind, können dieser Beobachtung zwei alternative Sachverhalte zu Grunde liegen. Erstens kann es sein, dass zu jedem Beobachtungszeitpunkt dieselben 50 % Frauen erwerbstätig sind und die andere Hälfte nicht. Zweitens kann diese Beobachtung aber auch bedeuten, dass zu jedem Zeitpunkt andere Frauen, durchschnittlich aber 50 %, einer Erwerbstätigkeit nachgehen. Nur durch die wiederholte Beobachtung der gleichen Untersuchungseinheiten kann die dynamische Entwicklung aufgezeigt und zwischen den beiden Erklärungsalternativen unterschieden werden. Paneldaten ermöglichen somit, zwischen individuellem und durchschnittlichem Verhalten einer Gruppe von Individuen zu unterscheiden.

Die Analyse von Paneldaten wirft allerdings auch nicht zu unterschätzende *Probleme* auf. Paneldatenmodelle stellen an den Anwender bei der Analyse hohe Anforderungen. Mittlerweile existiert nämlich eine Vielzahl alternativer Analysemodelle bei Vorliegen von Paneldaten. Jedes Modell ist dabei an restriktive Annahmen geknüpft. Im Einzelfall ist dann zu prüfen, ob diese Annahmen plausibel sind. Durch die Kombination von Zeitreihen- und Querschnittsdaten enthalten Paneldaten auch die diesen Datenarten eigenen, möglichen Annahmeverletzungen. So kann in einem Paneldatensatz sowohl die aus der Zeitreihenanalyse bekannte Autokorrelation als auch die mit den Querschnittsdaten möglicher-

[145] Vgl. Alecke, B. (1997), S. 88.
[146] Vgl. Hsiao, C. (1996), S. 413.

weise einhergehende Heteroskedastie zum Problem werden. Aber schon im Vorfeld der Analyse, nämlich bei der Datenerhebung, kann der Anwender mit den Nachteilen der Panelanalyse konfrontiert werden. Nicht unüblich ist dabei die sog. *Panelmortalität*. Damit ist der zumindest temporäre Ausfall von Beobachtungseinheiten gemeint.[147] Es liegt also nicht für jede Einheit zu jedem Zeitpunkt eine Beobachtung vor. Dieses Problem tritt häufig dann auf, wenn das Panel aus Personen besteht. Kann deren Ausscheiden aus der Erhebung nicht als zufällig betrachtet werden, schränkt dieser Umstand die Repräsentativität des Panels ein. Steht der Grund für das Ausscheiden der Person/en mit der zu analysierenden Fragestellung im Zusammenhang, kommt es zu Verzerrungen der Schätzergebnisse.[148] Eine alternative Herangehensweise stellt die Verwendung eines balanced panels dar. Eine weitere Schwierigkeit, insbesondere bei der Analyse von Paneldaten, besteht in der Nichtverfügbarkeit von Daten bzw. deren Inkonsistenz über die Zeit.[149] Nicht zuletzt durch das Erfordernis spezifischer Computersoftware gehen mit der Paneldatenanalyse erhöhte Kosten einher.

Insgesamt bietet die Verwendung von Paneldaten gegenüber der reinen Längsschnitts- und Querschnittsanalyse aber Vorteile, die nicht ungenutzt bleiben sollen. Es wurden indessen eigene Analysemodelle für Paneldaten entwickelt, wovon die geläufigsten im Folgenden kurz umrissen werden, bevor in Kapitel 5.1.3 auf spezifische Modelle mit qualitativen Regressanden eingegangen wird.

Die zu diskutierenden Modelle sind Variationen des linearen Standardmodells (5.1) und unterscheiden sich in ihren Annahmen bezüglich der Beschaffenheit der latenten Variablen $\varepsilon$:[150]

$$(5.1) \qquad \mathbf{Y} = \boldsymbol{\alpha} + \boldsymbol{\beta}'\mathbf{X} + \boldsymbol{\varepsilon} \qquad \text{mit } \boldsymbol{\beta} = \begin{bmatrix} \beta_1 \\ \beta_2 \\ \vdots \\ \beta_K \end{bmatrix}$$

Den einfachsten Fall stellt das *Classical-Pooling-Modell* (CP-Modell) dar. Es ist eine Erweiterung des klassischen Regressionsverfahrens auf einen Paneldatensatz. Die Längsschnitts- und Querschnittsdaten werden gepoolt und die eigentli-

---

[147] Vgl. Lechner, M. (1995), S. 12.
[148] Vgl. Lechner, M. (1995), S. 139.
[149] Dieses Problem wird bei der Anwendung in Kapitel 5.2 und 5.3 wieder aufgegriffen.
[150] Notation in Anlehnung an Eckey, H.-F. / Kosfeld, R. / Dreger, C. (2001).

che Panelstruktur dabei ignoriert.[151] Gegenüber der klassischen Regressionsanalyse wird an Stelle von N Regressionen mit jeweils T Beobachtungen eine einzige, gepoolte Regression mit $N \times T$ Beobachtungen durchgeführt. Die erhöhte Beobachtungszahl führt zu kleineren Standardfehlern, wodurch die Schätzung des CP-Modells gegenüber dem klassischen Regressionsmodell relativ effizienter ist. Das CP-Modell lässt sich schreiben als:[152]

$$(5.2) \qquad Y_{it} = \alpha + \boldsymbol{\beta}'\mathbf{X}_{it} + \varepsilon_{it} \qquad \text{wobei } i = 1, \ldots, N \quad \text{und} \quad t = 1, \ldots, T$$

Damit die verschiedenen Untersuchungseinheiten gemeinsam betrachtet werden können, müssen folgende Bedingungen erfüllt sein:[153]

$\alpha$ = konstant für alle i, t $\qquad$ $\beta$ = konstant für alle i, t

$\varepsilon_{it} = \text{iid}\left(0, \sigma_\varepsilon^2\right)$ $\qquad$ $\text{Cov}\left(X_i, X_j\right) = 0$, wobei $i \neq j$

Die Regressionskonstante und die Regressionskoeffizienten sind für jedes Individuum i und über alle Zeitpunkte t konstant. Die latente Variable $\varepsilon$ erfüllt die Annahmen des klassischen Regressionsmodells.[154] Damit besitzt sie die sog. „*white-noise*“-Eigenschaft.[155] Die K erklärenden Variablen sind nicht miteinander korreliert, es liegt keine Multikollinearität vor. Bei Vorliegen dieser Bedingungen kann das CP-Modell mittels der Kleinst-Quadrat-Methode (*o*rdinary *le*ast *s*quares, *OLS*) geschätzt werden. Die daraus resultierenden OLS-Schätzer für $\alpha$ und $\beta$ weisen BLUE-Eigenschaften (*b*est *l*inear *u*nbiased *e*stimator) auf, sie sind also die besten, linearen, unverzerrten Schätzergebnisse. Bei Verletzung der Annahmen kommt es zu Verzerrungen und der Effizienzvorteil aus dem Pooling geht verloren.

---

[151] Auf Grund dessen werden Panelmodelle, die die Heterogenität der Beobachtungseinheiten berücksichtigen im Folgenden auch als *Panelmodelle im engeren Sinne* bezeichnet.

[152] Vgl. Eckey, H.-F. / Kosfeld, R. / Dreger, C. (2001), S. 273.

[153] Vgl. Johnston, J. / DiNardo, J. (1997), S. 390.

[154] Diese sind:
(I) $E(\varepsilon_i) = 0$, für alle i
(II) $\text{Var}(\varepsilon_i) = \sigma^2$, für alle i
(III) $\text{Cov}\left(\varepsilon_i, \varepsilon_j\right) = 0$, für $i \neq j$
(IV) $\text{Cov}\left(\varepsilon_i, X_{1i}\right) = \text{Cov}\left(\varepsilon_i, X_{2i}\right) = \cdots = 0$, für alle i
(V) $\varepsilon_i \sim NV\left(0, \sigma^2\right)$, für alle i
(VI) Keine lineare Abhängigkeit zwischen den erklärenden Variablen (keine Multikollinearität)
(VII) $n > m + 1$.

[155] Vgl. Gujarati, D.N. (2003), S. 450.

Panelmodelle im engeren Sinne verzichten auf einen Teil der oben genannten Parameterrestriktionen. Die Annahmen über die Steigungsparameter bleiben zwar erhalten, die Restriktion bezüglich der Regressionskonstanten wird aber aufgegeben. Diese Panelmodelle berücksichtigen mittels Individualeffekten die Heterogenität der Untersuchungseinheiten. Die bisher beschriebenen gruppenindividuellen Effekte betreffen die Querschnittsdimension eines Panels. Sie unterscheiden sich von Individuum zu Individuum, bleiben jedoch über die Zeit hinweg konstant. Individuelle Effekte können aber auch in der Zeitdimension auftreten. Diese sog. Zeiteffekte sind für alle Individuen identisch, streuen aber über die Längsschnittsdimension. Auch diese zeitindividuellen Effekte lassen sich als fest oder zufällig betrachten. Darüber hinaus kann ihre Modellierung auch gemeinsam mit den gruppenspezifischen Effekten erfolgen, was zu zweistufigen Panelmodellen führt. Da die Querschnittsdimension N meist groß und Zeitdimension T meist klein ist, konzentriert sich diese Arbeit auf *einstufige Modelle,* wobei die Darstellung am Beispiel gruppenindividueller Effekte erfolgt.[156] Die gruppenspezifischen Individualeffekte lassen sich auf unterschiedliche Weise formulieren, so dass sich alternative Panelschätzer ergeben. Entweder wird die Heterogenität als individuenspezifischer Teil der Regressionskonstanten oder als individuenspezifischer Fehlerterm modelliert. Die erste Alternative führt zum Panelmodell mit festen Effekten (*Fixed-Effects-Modell*, FE-Modell), die zweite zum Panelmodell mit zufälligen Effekten (*Random-Effects-Modell*, RE-Modell). Die relevante Unterscheidung zwischen den beiden Modelltypen ist dabei nicht, ob der Individualeffekt fest oder zufällig ist. Vielmehr beruht die Differenzierung darauf, wie der Effekt modelliert wird und ob er mit den erklärenden Variablen korreliert ist oder nicht.[157]

Das Fixed-Effects-Modell

$$Y_{it} = \alpha_i + \boldsymbol{\beta}'\mathbf{X}_{it} + \varepsilon_{it} \tag{5.3}$$

erfasst die Heterogenität der Untersuchungseinheiten durch die individuenspezifischen Regressionskonstanten $\alpha_i$. Folgende Annahmen werden getroffen:[158]

$\beta$ = konstant für alle i, t $\qquad$ $\varepsilon_{it} = \text{iid}\left(0, \sigma_\varepsilon^2\right)$

$\text{Cov}(X_{it}, \varepsilon_{it}) = 0$, für alle i, t $\qquad$ $\text{Cov}(X_{it}, \alpha_i) \neq 0$, für alle i, t

[156] Vgl. hierzu Eckey, H.-F. / Kosfeld, R. / Dreger, C. (2001), S. 275.
[157] Vgl. Johnston, J. / DiNardo, J. (1997), S. 403.
[158] Vgl. Johnston, J. / DiNardo, J. (1997), S. 395.

Die Regressionskoeffizienten sind weiterhin über alle Individuen und Zeitpunkte konstant.[159] Auch die Annahme der „white-noise"-Eigenschaft des Fehlerterms bleibt bestehen, weshalb dieser nicht mit den Regressoren $X_{it}$ korreliert sein darf. Hingegen führt die bestehende Korrelation zwischen der erklärenden Variablen und den Individualeffekten zu einem Einfluss der Individualeffekte auf die Regressionsergebnisse.

Es gibt mehrere Möglichkeiten, die Parameter $\alpha$ und $\beta$ in (5.3) zu schätzen. Eine in der Regressionsanalyse übliche Methode zur Erfassung unterschiedlicher Regressionskonstanten besteht in der Einführung von Dummyvariablen[160], was zu folgender Schätzgleichung führt:

$$(5.4) \qquad Y_{it} = \alpha_1 + \sum_{j=2}^{N} \alpha_j \cdot D_j + \sum_{k=2}^{K} \beta_k \cdot X_{kit} + \varepsilon_{it}$$

Individuum eins gilt als Vergleichskategorie, denn $\alpha_1$ repräsentiert die Regressionskonstante für das erste Individuum. Die $\alpha_j$ bilden die sog. „Differenzeneffekte" ab und sagen aus, um wie viel die Regressionskonstanten der übrigen Individuen von der des ersten abweichen.[161] Die jeweiligen Dummyvariablen nehmen den Wert eins an, wenn die Beobachtung zu dem entsprechenden Individuum gehört.[162] Wenn die Anzahl an Individuen N groß ist, droht bei der Schätzung von (5.4) ein erheblicher Verlust an Freiheitsgraden. Aus diesem Grunde empfiehlt es sich, die Regressionskonstante und die Regressionskoeffizienten getrennt zu schätzen. Eine brauchbare Schätzung lässt sich über eine einfache Transformation der Beobachtungswerte erreichen. Jede Variable wird als Abweichung von individuell verschiedenen Mittelwerten ausgedrückt.[163] Dadurch werden die individuellen Streuungen eliminiert. Die Schätzung auf Basis

---

159 Vgl. Fendel, R. (2004), S. 738.

160 Dummyvariablen sind künstlich erzeugte, qualitative Variablen, die nur die Werte 0 bzw. 1 für das (Nicht-)Vorhandensein einer bestimmten Eigenschaft annehmen.

161 Grundsätzlich kann natürlich jeder Merkmalsträger als Referenz herangezogen werden. Alternativ können auch j + 1 Dummyvariablen eingefügt werden. Allerdings darf die Schätzgleichung dann keine zusätzliche Konstante mehr aufweisen, weil man sonst der „Dummy-Variablen-Falle" zum Opfer fällt. Vgl. Fendel, R. (2004), S. 738.

162 Folglich ist bspw. $D_2 = 1$, wenn die Beobachtung zu dem zweiten Individuum gehört und ansonsten ist sie gleich null.

163 Vgl. Eckey, H.-F. / Kosfeld, R. / Dreger, C. (2001), S. 276 ff.

dieser Transformation bezeichnet man als *within-Schätzer*, da jeweils nur die zeitliche Streuung innerhalb der Individuen berücksichtigt wird.[164]

(5.5)
$$\overline{Y}_{i.} = \alpha_1 + \sum_{j=2}^{N} \alpha_j \cdot D_j + \sum_{k=2}^{K} \beta_k \cdot \overline{X}_{ki.} + \overline{\varepsilon}_{i.}$$
$$\text{mit} \quad \overline{Y}_{i.} = \frac{1}{T}\sum_{t=1}^{T} Y_{it} \quad \overline{X}_{ki.} = \frac{1}{T}\sum_{t=1}^{T} X_{k,it} \quad \overline{\varepsilon}_{i.} = \frac{1}{T}\sum_{t=1}^{T} \varepsilon_{it}$$

Modell (5.5) kann effizient und konsistent mittels OLS geschätzt werden. Daraus resultiert der *Least-Squares-Dummy-Variable-Schätzer* (LSDV-Schätzer) für die Parameter $\beta_k$.

Mit einem F-Test lässt sich überprüfen, ob vom Vorliegen von Individualeffekten ausgegangen werden kann. Dabei wird das restringierte Classical-Pooling-Modell gegen das unrestringierte LSDV-Modell getestet. Das Classical-Pooling-Modell enthält die Restriktion gleicher Regressionskonstanten für alle Individuen. Die Nullhypothese besagt, dass alle Regressionskonstanten gleich sind $(H_0 : \alpha_1 = \alpha_2 = \ldots \alpha_N)$ und damit nicht vom Vorliegen von Individualeffekten ausgegangen werden kann.[165]

Die Prüfgröße

(5.6)
$$F = \frac{\left(\sum_{i=1}^{N}\sum_{t=1}^{T} \hat{e}^2_{it,CP} - \sum_{i=1}^{N}\sum_{t=1}^{T} \hat{e}^2_{it,LSDV}\right) \Big/ (N-1)}{\sum_{i=1}^{N}\sum_{t=1}^{T} \hat{e}^2_{it,LSDV} \Big/ \left[N \cdot T - (N+K-1)\right]}$$

ist F-verteilt mit $N \cdot T - (N+K-1)$ Freiheitsgraden.[166] Übersteigt der empirische F-Wert bei einem vorgegebenen Signifikanzniveau den kritischen F-Wert, ist die Nullhypothese abzulehnen. In diesem Fall ist nicht von gleichen, sondern von individuenspezifischen Regressionskonstanten auszugehen und das LSDV-Modell zu präferieren.

Das Random-Effects-Modell verlagert die Heterogenität der Untersuchungseinheiten von den Regressionskonstanten auf die latente Variable, die dadurch eine

[164] Vgl. Alecke, B. (1997), S. 101.
[165] Vgl. Alecke, B. (1997), S. 102 f.
[166] Der Test vergleicht die Residuenquadratsummen des restringierten CP-Modells $\left(\sum\sum \hat{e}^2_{it,CP}\right)$ mit denen des unrestringierten LSDV-Modells $\left(\sum\sum \hat{e}^2_{it,LSDV}\right)$.

Struktur erhält. Folglich werden die Individualeffekte nicht länger als feste Größen interpretiert, sondern sie sind stochastisch. Man bezeichnet das RE-Modell

$$(5.7) \qquad Y_{it} = \alpha + \boldsymbol{\beta}'\mathbf{X}_{it} + \varepsilon_{it} \qquad \text{mit } \varepsilon_{it} = \mu_i + \nu_{it}$$

auch als *Error-Components-Modell*, da die latente Variable aus mehreren Komponenten besteht. $\mu_i$ bezeichnet die zufälligen, individuenspezifischen Störungen, die über die Zeit hinweg konstant sind. Die $\nu_{it}$ bilden einen reinen Zufallsprozess ab, wohingegen die $\varepsilon_{it}$ aufgrund der individuellen Effekte diese Eigenschaft nicht besitzen. Folgende Annahmen über die Fehlerkomponenten liegen dem RE-Modell zugrunde:[167]

$$\mu_i = \text{iid}\left(0, \sigma_\mu^2\right) \qquad \nu_{it} = \text{iid}\left(0, \sigma_\nu^2\right)$$

$$\text{Cov}\left(\mu_i, \mu_j\right) = 0 \quad \text{für } i \neq j \qquad \text{Cov}\left(\nu_{it}, \nu_{js}\right) = 0 \quad \text{für } i \neq j \text{ und } t \neq s$$

$$\text{Cov}\left(\mu_i, \nu_{it}\right) = 0 \quad \text{für alle i und t}$$

$$\boxed{\text{Cov}\left(X_{it}, \mu_i\right) = 0 \quad \text{für alle i und t}} \qquad \text{Cov}\left(X_{it}, \nu_{it}\right) = 0 \quad \text{für alle i und t}$$

Die individuellen Effekte $\mu_i$ haben einen Erwartungswert von Null, sind homoskedastisch und nicht korreliert. Des Weiteren sind sie weder mit den Störgrößen $\nu_{it}$ noch mit den Regressoren korreliert.[168] Die letztgenannte, eingerahmte Eigenschaft ist das entscheidende Kriterium, was das RE-Modell vom FE-Modell abhebt. Die relevante Unterscheidung zwischen den beiden Modellen beruht nämlich darauf, ob davon ausgegangen werden kann, dass der Individualeffekt mit den erklärenden Variablen korreliert ist oder nicht. Da im Random-Effects-Modell die $\varepsilon_{it}$ aufgrund der individuellen Effekte nicht die Eigenschaften eines reinen Zufallsprozesses erfüllen, kommt für die Schätzung nicht die OLS-Methode, sondern die verallgemeinerte Methode der kleinsten Quadrate (*G*eneralized *L*east *S*quares, GLS) in Betracht.[169]

Neben der Unterscheidung, ob die individuellen Effekte mit den Regressoren korreliert sind oder nicht, gibt es weitere Entscheidungskriterien für die Wahl zwischen den beiden Modellalternativen Fixed-Effects oder Random-Effects. In

---

[167] Vgl. Eckey, H.-F. / Kosfeld, R. / Dreger, C. (2001), S. 280.
[168] Vgl. Eckey, H.-F. / Kosfeld, R. / Dreger, C. (2001), S. 280 f.
[169] Vgl. Eckey, H.-F. / Kosfeld, R. / Dreger, C. (2001), S. 281 für eine ausführliche Darstellung dieser Schätzmethode.

der Literatur wird nach der *Art der Stichprobe* differenziert.[170] Das FE-Modell erscheint demnach dann als angebracht, wenn die Individuen nicht als Stichprobe aus einer übergeordneten Grundgesamtheit zu betrachten sind oder wenn es insbesondere die in der Stichprobe enthaltenen Individuen sind, über die Aussagen gemacht werden sollen. Beim RE-Modell hingegen liegt eine Zufallsauswahl vor, und es ist möglich, Aussagen über die dahinter stehende Grundgesamtheit zu treffen. Aus pragmatischen Überlegungen heraus sprechen gegen das Modell mit festen Effekten die vergleichsweise höheren Kosten aufgrund des großen Verlustes an Freiheitsgraden. Andererseits ist die im RE-Modell getroffene Annahme über die Unkorreliertheit der Individualeffekte mit den übrigen Regressoren im Modell problematisch. Trifft diese Annahme nämlich nicht zu, sind inkonsistente RE-Schätzer die Folge.[171]

Um die Frage zu beantworten, ob im Einzelfall das FE- oder das RE-Modell besser geeignet ist, existieren formale Tests. Einer der gängigsten ist der *Lagrange-Multiplikator-Test* (LM-Test) von Breusch und Pagan. Dieser testet die Relevanz individueller zufälliger Effekte ($H_0 : \sigma_\mu^2 = 0$) und ist damit geeignet, das Random-Effects-Modell zu stützen oder zu verwerfen. Für den LM-Test werden lediglich die Residuen des CP-Modells $\hat{e}_{it,CP}$ benötigt.

Die Teststatistik[172]

(5.8) $$LM = \frac{N \cdot T}{2(T-1)} \cdot \left( \frac{\sum_{i=1}^{N} \left( \sum_{t=1}^{T} \hat{e}_{it,CP} \right)^2}{\sum_{i=1}^{N} \sum_{t=1}^{T} \hat{e}_{it,CP}^2} - 1 \right)^2$$

ist asymptotisch $\chi^2$-verteilt mit einem Freiheitsgrad. Sofern die Nullhypothese verworfen wird, lässt sich dies als Evidenz für das Vorliegen individueller zufälliger Effekte interpretieren. Hat sich erwiesen, dass Individualeffekte vorliegen, gilt es zu überprüfen, ob diese besser mit dem FE- oder dem RE-Modell zu erfassen sind. Folglich benötigt man einen Test, der zwischen einem Panelmodell mit festen oder zufälligen Effekten diskriminieren kann.

---

170 Vgl. Fendel, R. (2004), S. 739.
171 Vgl. Greene, W. (2003), S. 303.
172 Vgl. Eckey, H.-F. / Kosfeld, R. / Dreger, C. (2001), S. 284.

Eine kritische Annahme im RE-Modell ist die Annahme der Abwesenheit einer Korrelation zwischen den unbeobachtbaren individuellen Effekten und den Regressoren ($Cov(X_{it}, \mu_i) = 0,$ für alle i und t). Unter dieser Bedingung weist der RE-Schätzer ($\hat{\boldsymbol{\beta}}_{GLS}$) BLUE-Eigenschaften auf. Hingegen ist der FE-Schätzer ($\hat{\boldsymbol{\beta}}_{LSDV}$) unter diesen Umständen zwar konsistent, aber nicht effizient. Sofern jedoch eine signifikante Korrelation zwischen den $X_{it}$ und den $\mu_i$ vorliegt, ist der Schätzer aus dem RE-Modell verzerrt und inkonsistent, wohingegen der FE-Schätzer konsistent bleibt, da die individuellen Effekte durch die Mittelwertbildung (vgl. Gleichung (5.5)) vor der Schätzung eliminiert werden.[173] Diese Eigenschaften der Schätzergebnisse macht sich der Spezifikationstest nach *Hausman* zunutze. Er beruht auf der Differenz der beiden Schätzer $\hat{\mathbf{q}} = \hat{\boldsymbol{\beta}}_{GLS} - \hat{\boldsymbol{\beta}}_{LSDV}$. Unter der Gültigkeit der Nullhypothese sind die Individualeffekte nicht mit den Regressoren korreliert, so dass das RE-Modell zu bevorzugen ist.

Die Teststatistik

$$(5.9) \qquad \chi^2 = \hat{\mathbf{q}}'Cov(\hat{\mathbf{q}})^{-1}\hat{\mathbf{q}}$$

ist Chi-quadrat-verteilt mit K Freiheitsgraden. Die Inverse der Kovarianzmatrix von $\hat{\mathbf{q}}$ ist gegeben durch die Differenz der beiden Kovarianzmatrizen $(Cov(\hat{\mathbf{q}}))^{-1} = (Cov(\hat{\boldsymbol{\beta}}_{LSDV}) - Cov(\hat{\boldsymbol{\beta}}_{GLS}))^{-1}$. Wird die Nullhypothese verworfen, ist das Fixed-Effects-Modell dem Random-Effects-Modell vorzuziehen.

### 5.1.2 Qualitative Wahlhandlungsmodelle

Die im vorangegangenen Kapitel vorgestellten Modelle zur Analyse von Paneldaten stellen Variationen des linearen Standardmodells (5.1) dar. Dabei wird implizit davon ausgegangen, dass die abhängige Variable quantitativer Natur ist, während über die Skalierung der erklärenden Variablen keine weiteren Annahmen getroffen werden. Bei Vorliegen qualitativer Regressoren kann das ökonometrische Instrumentarium ohne weiteres übernommen werden und eine Schätzung mittels OLS ist möglich.[174] Zur Modellierung diskreter Entscheidungssituationen zwischen zwei oder mehreren Alternativen mit Hilfe qualitativer Regressanden ist das klassische Regressionsmodell aber nicht geeignet. Die Par-

---

[173] Vgl. Eckey, H.-F. / Kosfeld, R. / Dreger, C. (2001), S. 285.
[174] Vgl. Eckey, H.-F. / Kosfeld, R. / Dreger, C. (2001), S. 184.

tizipationsentscheidung einer Frau am Arbeitsmarkt, wie sie in Kapitel 3.2.1 theoretisch dargestellt wurde, stellt eine solche ökonomische Entscheidungssituation dar. Die abhängige Variable ist qualitativer Natur und kann im einfachsten Fall zwei Ausprägungen annehmen: 1, wenn die Frau am Arbeitsmarkt partizipiert und 0, wenn sie es nicht tut. Die erklärenden Variablen wie bspw. Alter, Familienstand, Ausbildung, Haushaltseinkommen usw. können sowohl quantitativ als auch qualitativ sein. Zur ökonometrischen Analyse der Partizipationsentscheidung bieten sich qualitative Wahlhandlungsmodelle (*Qualitative Response (QR)-Modelle*) an.

QR-Modelle tragen zur Mikrofundierung der ökonomischen Theorie bei. In der Regel setzen sie Mikrodaten voraus, und ihre typischen Anwendungen zielen auf eine Querschnittsanalyse der Mikrodaten ab. Qualitative Wahlhandlungsmodelle lassen sich aber auch in Kombination mit Paneldaten nutzen. Kapitel 5.1.3 widmet sich dem analytischen Modellrahmen zur Analyse von Paneldaten mit qualitativen Wahlhandlungsmodellen. Sowohl die Modelle des folgenden als auch des aktuellen Kapitels gehören zur Familie *binärer* Wahlhandlungsmodelle, bei denen es um die Erklärung von zwei Alternativen geht (Partizipation ja / nein, Entscheidung für / gegen ein Kind).[175] Eine Verallgemeinerung stellen multinomiale Wahlhandlungsmodelle dar, bei denen der Regressand mehr als zwei Ausprägungen annehmen kann. Auf ihre Behandlung wird aus Gründen der Datenverfügbarkeit im Rahmen dieser Arbeit verzichtet.

Qualitative Wahlhandlungsmodelle basieren auf:

$$(5.10)\qquad \begin{aligned} &P(\text{Ereignis tritt ein}) = P(Y=1 \mid X) = F(\boldsymbol{\beta}, \mathbf{X}) \\ &P(\text{Ereignis tritt nicht ein}) = P(Y=0 \mid X) = 1 - F(\boldsymbol{\beta}, \mathbf{X}) \end{aligned}$$

Das Eintreten eines Ereignisses Y bzw. die Wahl einer Alternative wird nicht als deterministisch angesehen. Vielmehr erklären eine Reihe von Einflussgrößen X die Eintrittswahrscheinlichkeit dieses Ereignisses. Der Vektor $\boldsymbol{\beta}$, der die unbekannten Parameter des Wahlhandlungsmodells enthält, reflektiert das Ausmaß einer Veränderung in X auf die Wahrscheinlichkeit. Diesen Parametern kommt in Abhängigkeit der Verteilungsfunktion F eine unterschiedliche Interpretation zu. Die einfachste Möglichkeit besteht darin, als Basisverteilung die Gleichverteilung zu unterstellen. Die Wahrscheinlichkeit für das Eintreten eines Ereignis-

[175] Mit der Entscheidung für bzw. gegen ein Kind ist in diesem Zusammenhang vielmehr das Resultat dieses Entscheidungsprozesses gemeint, also ob die betrachtete Frau Mutter ist oder nicht.

ses verändert sich dann linear mit den Einflussgrößen. Man gelangt zum *linearen Wahrscheinlichkeitsmodell*:

$$(5.11) \qquad P(Y_i = 1) = P_i = F(\boldsymbol{\beta}, \mathbf{X}_i) = \boldsymbol{\beta}'\mathbf{X}_i$$

Da die Größe $P_i$ die Wahrscheinlichkeit dafür angibt, dass ein betrachtetes Ereignis eintritt, lässt sie sich als Erwartungswert der Zufallsvariablen $Y_i$ interpretieren:

$$(5.12) \qquad E(Y_i) = P_i = \boldsymbol{\beta}'\mathbf{X}_i$$

Die Zufallsvariable $Y_i$ setzt sich aus einer systematischen Komponente $P_i$ und einer Störgröße $\varepsilon_i$ zusammen. Letztere trägt den individuellen Abweichungen der Entscheidungsträger Rechnung:

$$(5.13) \qquad Y_i = P_i + \varepsilon_i = \boldsymbol{\beta}'\mathbf{X}_i + \varepsilon_i$$

Weil $Y_i$ nur die Werte 0 oder 1 annehmen kann, folgen die $\varepsilon_i$ einer Zweipunktverteilung, wonach die Störgröße nicht mehr normalverteilt ist. Damit ist eine relevante Annahme des Regressionsmodells[176] verletzt und Hypothesentests für die (nach wie vor konsistenten und erwartungstreuen) OLS-Schätzer würden ihre Aussagekraft verlieren.[177]

Das lineare Wahrscheinlichkeitsmodell weist noch eine Reihe weiterer Unzulänglichkeiten auf. Zum einen ist die Varianz der Störgröße durch $Var(\varepsilon_i) = (1 - \boldsymbol{\beta}'\mathbf{X}_i) \cdot \boldsymbol{\beta}'\mathbf{X}_i = (1 - P_i) \cdot P_i$ gegeben und damit heteroskedastisch.[178] Zudem führt eine OLS-Schätzung des linearen Wahrscheinlichkeitsmodells aufgrund der Heteroskedastie zu ineffizienten Ergebnissen, wodurch Beurteilungskriterien ihre Aussagekraft verlieren. Zum anderen ist bei einer OLS-Schätzung von (5.11) nicht gewährleistet, dass die systematische Komponente $P_i$ im Intervall zwischen 0 und 1 liegt. Eine Interpretation als Wahrscheinlichkeit ist dann nicht möglich. Problematisch ist auch die im linearen Wahrscheinlichkeitsmodell unterstellte Annahme, dass sich die errechneten Wahrscheinlichkeiten linear mit den erklärenden Variablen verändern, unabhängig von deren realisiertem

---

176 Vgl. Fußnote 154.
177 Vgl. von Auer, L. (2003), S. 407.
178 Für eine ausführlichere Darstellung vgl. Eckey, H.-F. / Kosfeld, R. / Dreger, C. (2001), S. 186.

Niveau. So ist es bspw. durchaus plausibel anzunehmen, dass sich die Entscheidung einer Frau am Arbeitsmarkt zu partizipieren, nicht linear mit dem Haushaltseinkommen verändert. Vielmehr ist davon auszugehen, dass sich in Familien mit sehr niedrigem Einkommen die Frauen eher gezwungen sehen, erwerbstätig zu sein als in Familien mit mittleren Einkommen. Wohingegen Frauen, die über ein höheres Haushaltseinkommen verfügen, sich eine Unterstützung für die Hausarbeit leisten und somit einer Erwerbstätigkeit nachgehen können.

Aus den genannten Unzulänglichkeiten ergeben sich folgende Anforderungen an ein geeignetes Modell zur Analyse ökonomischer Wahlhandlungsmodelle. Es sollte sicher gestellt sein, dass die Beziehung zwischen den erklärenden Variablen $X_i$ und den Wahrscheinlichkeiten $P_i$ nicht linear ist und dass die $P_i$ mit wachsenden $X_i$ zunehmen, aber nicht größer als 1 werden. Geometrisch würde ein solches Modell wie folgt aussehen:

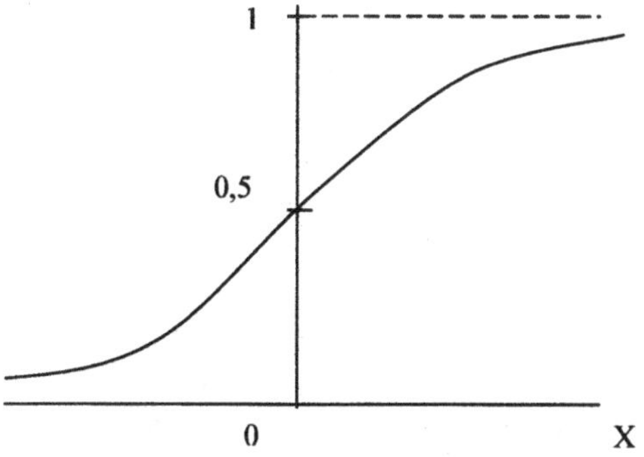


*Abb. 37: Verteilungsfunktion; Quelle: Eigene Darstellung.*

In ökonometrischen Anwendungen wird als Verteilungsfunktion häufig die Nomalverteilung oder die logistische Verteilung gebraucht. Im mittleren Bereich sind die Kurvenverläufe der logistischen Verteilung und der Normalverteilung recht ähnlich, da beide Funktionen durch den Ordinatenwert 0,5 verlaufen. An den Rändern unterscheiden sie sich etwas stärker. Die Verwendung der logistischen Verteilung führt zum Logit-Modell, die der Normalverteilung zum Probit- bzw. Normit-Modell:

(5.14) $$P_i = F(\boldsymbol{\beta}'\mathbf{X}_i) = \int_{-\infty}^{\boldsymbol{\beta}'\mathbf{X}_i} \frac{1}{\sqrt{2\pi}} \cdot e^{-\frac{\varepsilon_i^2}{2}} d\varepsilon_i$$ (Probit-Modell)

(5.15) $P_i = F(\boldsymbol{\beta}'\mathbf{X}_i) = \frac{1}{1+e^{-\boldsymbol{\beta}'\mathbf{X}_i}}$ (Logit-Modell)

Die Normalverteilung lässt sich begründen, wenn man für ein Individuum i eine unbeobachtete Indexvariable $Y_i^*$ mit[179]

(5.16) $Y_i^* = \boldsymbol{\beta}'\mathbf{X}_i + \varepsilon_i$

einführt. Diese erfasst z.B. den Grad der Neigung einer Frau zur Arbeitsmarktpartizipation. Die Frau wird sich entscheiden, am Arbeitsmarkt zu partizipieren, wenn die Indexvariable eine gewisse Schranke überschreitet, bei der die Erwerbstätigkeit als vorteilhaft angesehen wird. Setzt man diese Schranke auf Null, lässt sich die Beziehung zwischen der unbeobachtbaren Indexvariablen $Y_i^*$ und der beobachtbaren abhängigen Variablen $Y_i$ wie folgt beschreiben:

$$Y_i = 1, \quad \text{falls } Y_i^* > 0$$
$$Y_i = 0, \quad \text{falls } Y_i^* \le 0$$

Die Wahrscheinlichkeit, dass sich eine Frau für die Aufnahme einer Erwerbstätigkeit entscheidet, ist dann gegeben durch:

(5.17) $P(Y_i^* > 0) = P(\boldsymbol{\beta}'\mathbf{X}_i + \varepsilon_i > 0) = P(\varepsilon_i > -\boldsymbol{\beta}'\mathbf{X}_i) = P(\varepsilon_i < \boldsymbol{\beta}'\mathbf{X}_i) = F(\boldsymbol{\beta}'\mathbf{X}_i)$

Im Gegensatz zum linearen Wahrscheinlichkeitsmodell geben die Regressionskoeffizienten im Logit-/Probit-Modell nicht mehr unmittelbar die Effekte einer Veränderung einer erklärenden Variablen auf die Wahrscheinlichkeit an, sondern lediglich die Richtung der Veränderung von $P_i$. Das Ausmaß der Änderung hängt von der Steilheit der Funktion im jeweiligen Punkt ab. Je steiler, desto größer ist der Effekt einer Änderung des Regressors auf die Wahrscheinlichkeit. Beide Funktionen flachen zu den Rändern hin ab, deshalb ist dort der Effekt einer Änderung der unabhängigen Variablen geringer. Änderungen in der Nähe des Wendepunktes der Funktion bringen größere Effekte mit sich. Damit verändert sich die Wahrscheinlichkeit nichtlinear mit dem Regressor. Aufgrund dieser Nichtlinearität können die Regressionskoeffizienten nicht mit OLS geschätzt

---

[179] In diesem Zusammenhang wird auch häufig von einem Schwellenwert $Y_i^*$ gesprochen und entsprechend (5.16) als Schwellenwertmodell bezeichnet.

werden. Man nutzt die Maximum-Likelihood (ML-) Methode in Form eines numerischen Lösungsalgorithmus, wie z.B. das Newton-Raphson-Verfahren.[180] Die Einflüsse einer Veränderung der erklärenden Variablen auf die Wahrscheinlichkeit eines interessierenden Ereignisses lassen sich über die partiellen Ableitungen der Normalverteilung und der logistischen Verteilung angeben:

(5.18) $$\frac{\partial P_i}{\partial X_{ik}} = \frac{\partial F(\beta' X_i)}{\partial X_{ik}} = F'(\beta' X_i)\frac{\partial(\beta' X_i)}{\partial X_{ik}} = f(\beta' X_i)\beta_k$$ (Probit-Modell)

(5.19) $$\frac{\partial P_i}{\partial X_{ik}} = f(\beta' X_i)\cdot\beta_k \quad \text{mit} \quad f(\beta' X_i) = \frac{e^{-\beta' X_i}}{\left[1+e^{-\beta' X_i}\right]^2}$$ (Logit-Modell)

Die Gültigkeit des Logit-/Probit-Modells lässt sich unter Verwendung eines Likelihood-Ratio-Tests überprüfen. Dieser berechnet sich über den Wert der unrestringierten Log-Likelihood-Funktion ($LL_u$) aus der Schätzung des Logit-/Probit-Modells mit den Regressoren und dem entsprechenden Wert der restringierten Schätzung ($LL_r$), die nur die Konstante als erklärende Variable enthält. Unter der Nullhypothese, dass alle Steigungsparameter gleich Null sind, ist die Prüfgröße

(5.20) $$LR = 2(LL_u - LL_r)$$

$\chi^2$-verteilt mit r Freiheitsgraden, wobei r die Anzahl der erklärenden Variablen ohne die Konstante bezeichnet.[181]

Die Einzelprüfung der Koeffizienten auf Signifikanz erfolgt über die Normalverteilung:

(5.21) $$z = \frac{b_k}{s_{b_k}} \sim NV(0;1)$$

Als Maß für die Güte der Anpassung existiert eine Reihe von Pseudo $R^2$-Maßen, welche dem Determinationskoeffizienten vergleichbar sind. Oft wird die Größe nach MacFadden benutzt:

---

[180] Eine ausführliche Darstellung der ML-Methode findet sich bspw. in Greene, W.H. (2003), S. 670 ff.

[181] Vgl. Eckey, H.-F. / Kosfeld, R. / Dreger, C. (2001), S. 192 f.

(5.22) $$R^2_{McFadden} = 1 - \frac{LL_u}{LL_r}$$

wobei $LL_u$ den Log Likelihood für das unrestringierte Gesamtmodell und $LL_r$ den Log Likelihood für ein restringiertes Modell bezeichnet, das nur die Konstante enthält. Dieses Beurteilungskriterium besitzt nicht die anschauliche Interpretation des Determinationskoeffizienten im klassischen Regressionsmodell.[182] Prinzipiell kann aber auch mit größer werdendem $R^2_{McFadden}$ von einer verbesserten Modellanpassung ausgegangen werden. Werte von > 0,5 deuten auf eine brauchbare Schätzung hin.

### 5.1.3 Binäre Logit- und Probit-Modelle für Paneldaten

Vor dem Hintergrund der Anwendung in Kapitel 5.3 geht es zunächst um die Spezifikation binärer Wahlhandlungsmodelle für N Individuen über T aufeinander folgende Zeitpunkte. Insofern stellt dieser Abschnitt eine Kombination der beiden vorangegangenen Kapitel 5.1.1 und 5.1.2 dar. In Anlehnung an das Schwellenwertmodell (5.16) gelte für die binäre abhängige Variable:

(5.23) $$Y_{it} = \begin{cases} 1 & \text{falls die Frau i zum Zeitpunkt t erwerbstätig ist} \\ 0 & \text{falls nicht} \end{cases}$$

Aus der ökonomischen Theorie lassen sich bestimmte Faktoren ableiten, die die Wahrscheinlichkeit beeinflussen, mit der eine Frau erwerbstätig ist. Diese Faktoren werden in einem Vektor exogener Variablen $\mathbf{X}_{it}, i = 1,\ldots,N; t = 1,\ldots,T$ zusammengefasst, wodurch man zur ökonomisch motivierten Formulierung des Schwellenwertmodells bei Vorliegen von Paneldaten gelangt:[183]

(5.24) $$Y^*_{it} = \boldsymbol{\beta}'\mathbf{X}_{it} + \varepsilon_{it}$$

Zwischen (5.23) und (5.24) gilt folgender formaler Zusammenhang:

(5.25) $$Y_{it} = \begin{cases} 1 & \text{falls } Y^*_{it} > \text{Schwellenwert} \\ 0 & \text{sonst} \end{cases}$$

[182] Der konventionelle Determinationskoeffizient ist bei qualitativen Wahlhandlungsmodellen nur von eingeschränkter Aussagekraft, weil er dort tendenziell sehr kleine Werte annimmt. Vgl. Gujarati, D.N. (2003), S. 586.

[183] Vgl. Hamerle, A. / Ronning, G. (1995), S. 412.

Im vorliegenden Beispiel der Erwerbstätigkeit einer Frau kann der Schwellenwert als Differenz zwischen Anspruchslohn und Marktlohn interpretiert und damit gleich Null gesetzt werden. Damit ergibt sich:

$$(5.26) \qquad P(Y_{it}=1)=P(Y_{it}^{*}>0)=P(\boldsymbol{\beta}'\mathbf{X}_{it}+\varepsilon_{it}>0)=P(\varepsilon_{it}<\boldsymbol{\beta}'\mathbf{X}_{it})=F(\boldsymbol{\beta}'\mathbf{X}_{it})$$

Für die Verteilungsfunktion F der latenten Variablen $\varepsilon_{it}$ wird im Folgenden wiederum die Standardnormalverteilung oder die logistische Verteilung unterstellt. Wird weiter angenommen, dass die $\varepsilon_{it}$ stochastisch unabhängig und identisch verteilt über alle i und t sind, so spezifiziert man ein binäres Wahlhandlungsmodell mit $N \cdot T$ Beobachtungen in Form eines *Classical-Pooling-Modells.*

Diese Annahme der vollkommenen Unabhängigkeit der Entscheidungen aller einbezogenen Individuen über die Zeit ist aber nur selten sowohl theoretisch als auch empirisch zu rechtfertigen. Vielmehr liegt der Vorteil in der Anwendung von Paneldaten gerade in der Möglichkeit, unbeobachtete Heterogenität zwischen den Individuen zu modellieren. Hierzu wird die Störgröße $\varepsilon_{it}$ in zwei Komponenten zerlegt

$$(5.27) \qquad \varepsilon_{it}=\alpha_i+\nu_{it},$$

mit $\alpha_i$, dem individuenspezifischen Effekt und $\nu_{it}$, der stochastisch unabhängigen und über alle Individuen und Zeitpunkte identisch verteilten Störgröße. Fasst man die $\alpha_i$ als unbekannte Parameter auf, die zusammen mit dem Strukturparametervektor $\boldsymbol{\beta}$ zu schätzen sind, gelangt man zum *Fixed-Effects (FE)-Modell.*

Bei der Schätzung *nicht-linearer FE-Modelle*[184] treten üblicherweise einige Probleme auf. Erhält man im Fall quantitativer abhängiger Variablen bei der Schätzung des FE-Modells mittels der OLS-Methode konsistente Ergebnisse für die Strukturparameter $\beta$, so gilt dies bei Vorliegen eines qualitativen Regressanden nicht mehr, wenn für jedes Individuum nur wenige Beobachtungszeitpunkte vorliegen. Typischerweise umfassen aber Paneldatensätze eine geringe Anzahl an Zeitpunkten T und eine große Anzahl an Querschnittseinheiten N. Weil in nicht-linearen Modellen keine zentrierten Werte wie unter (5.5) gebildet

---

[184] Hiermit sind FE-Modelle bei Vorliegen qualitativer Regressanden gemeint. Als Synonym gilt: *binäre FE-Modelle*. Gleiches gilt selbstverständlich auch für die RE-Modelle.

werden können, steigt der Umfang zu schätzender Parameter stark an, wenn die individuenspezifischen Effekte $\alpha_i$ als unbekannte Parameter interpretiert werden.[185] Daraus folgen inkonsistente Schätzer sowohl für die $\alpha_i$ als auch für die $\beta$.[186] Die Inkonsistenz der geschätzten $\alpha_i$ überträgt sich nämlich auf die Schätzung des Vektors der Strukturparameter $\boldsymbol{\beta}$, da die Maximum-Likelihood (ML)-Schätzungen von $\alpha_i$ und $\boldsymbol{\beta}$ nicht unabhängig voneinander erfolgen.[187] Andersen (1973)[188] und Chamberlain (1980)[189] schlagen aus diesem Grunde zur Schätzung des FE-Modells einen bedingten Likelihood-Ansatz vor. Dieser führt allerdings nur bei der Logit- und nicht bei der Probit-Modellierung zu brauchbaren Ergebnissen. Deshalb kommt bei der Analyse von Fixed-Effects bei Vorliegen qualitativer Regressanden nur die *Logit-Modellierung* in Betracht.[190] Hierauf wird im Folgenden noch eingegangen.

Modelliert man hingegen die individuenspezifischen Effekte $\alpha_i$ in (5.27) als Zufallsvariablen, hat man es mit dem *Random-Effects (RE)-Modell* zu tun.[191] Dieses weist gegenüber der Fixed-Effects-Modellierung einige Vorteile auf. Liegt nämlich eine große Anzahl an Individuen N vor, müssen im Vergleich zum FE-Modell nicht N Parameter, sondern lediglich der Mittelwert und die Varianz geschätzt werden.[192] Dies erweitert die Anzahl der Freiheitsgrade. Des Weiteren ist es plausibel, $\alpha_i$ als zufällig zu betrachten, wenn man davon ausgeht, dass damit unbeobachtbare individuenspezifische Effekte abgebildet werden sollen. Denn ebenso misst die Zufallsvariable $\varepsilon_{it}$ unbeobachtbare Effekte des i-ten Individuums zum Zeitpunkt t.

Für die Analyse von Random-Effects erweist sich das *Probit-Modell* aus folgendem Grund als geeignet. Die Random-Effects-Modellierung bringt Korrelationen zwischen den Störgrößen hervor. Diese können mit Hilfe der multivariaten Normalverteilung, aber nicht mittels der multivariaten logistischen Verteilung analysiert werden. Letztere restringiert die Korrelationen zwischen den Störgrößen auf den Wert 0,5, während erstere bei der Modellierung flexibler ist. Dar-

---

[185] Für diese Umstand findet sich in der Literatur auch die Bezeichnung „incidental-parameter problem", vgl. Hamerle, A. / Ronning, G. (1995), S. 413.
[186] Vgl. Maddala, G.S. (1987), S. 309.
[187] Vgl. Hsiao, C. (2003), S. 194 f.
[188] Vgl. Andersen, E.B. (1973).
[189] Vgl. Chamberlain, G. (1980).
[190] Vgl. Hsiao, C. (2003), S. 198.
[191] Vgl. Hamerle, A. / Ronning, G. (1995), S. 412 f.
[192] Vgl. Hamerle, A. / Ronning, G. (1995), S. 413.

über hinaus ermöglicht nur das RE-Modell die Berücksichtigung zeitkonstanter Variablen.[193]

Aus den soeben dargelegten, anwendungsorientierten Gründen sollen im Folgenden das *Fixed-Effects-Logit-Modell* und das *Random-Effects-Probit-Modell* näher betrachtet werden.

### 5.1.3.1 Fixed-Effects-Logit-Modell

Wie bereits oben erwähnt, kommt für die Schätzung des Fixed-Effects-Logit-Modells ein bedingter Likelihood-Ansatz in Frage. Die Idee dahinter ist, die Likelihood-Funktion als hinreichende Statistik für die unbekannten Parameter $\alpha_i$ zu betrachten. Im Logit-Modell stellen die $\sum_{t=1}^{T} Y_{it}$ diese suffiziente Statistik für die $\alpha_i$ dar.[194] Genügt die bedingte Likelihood-Funktion gewissen Regularitätsbedingungen, die den $\alpha_i$ Restriktionen auferlegen, resultiert auch ein konsistenter, bedingter ML-Schätzer für den Parametervektor $\boldsymbol{\beta}$.[195] Eine dieser Restriktionen verlangt, dass diejenigen Individuen aus dem Datenset gestrichen werden, die ihren Zustand nicht wechseln, d.h. $\sum_{t=1}^{T} Y_{it} = 0$ oder $\sum_{t=1}^{T} Y_{it} = 1$ und damit keinen wertmäßigen Beitrag zur Likelihood-Funktion leisten.[196] Zur Illustration sei hier das Fixed-Effects-Logit-Modell für $T = 2$ dargestellt: Wenn

$$(5.28) \qquad P(Y_{it} = 1) = \frac{\exp(\alpha_i + \boldsymbol{\beta}'\mathbf{X}_{it})}{1 + \exp(\alpha_i + \boldsymbol{\beta}'\mathbf{X}_{it})},$$

dann ist

$$P(0,1) = \frac{1}{1 + \exp(\alpha_i + \boldsymbol{\beta}'\mathbf{X}_{i1})} \cdot \frac{\exp(\alpha_i + \boldsymbol{\beta}'\mathbf{X}_{i2})}{1 + \exp(\alpha_i + \boldsymbol{\beta}'\mathbf{X}_{i2})}$$

und

$$P(1,0) = \frac{\exp(\alpha_i + \boldsymbol{\beta}'\mathbf{X}_{i1})}{1 + \exp(\alpha_i + \boldsymbol{\beta}'\mathbf{X}_{i1})} \cdot \frac{1}{1 + \exp(\alpha_i + \boldsymbol{\beta}'\mathbf{X}_{i2})}$$

Da sich die Zustände $(1, 0)$ und $(0, 1)$ gegenseitig ausschließen, gilt:

---

[193] Vgl. Maddala, G.S. (1987), S. 309.
[194] Vgl. Maddala, G.S. (1987), S. 315.
[195] Vgl. Maddala, G.S. (1987), S. 315.
[196] Vgl. Maddala, G.S. (1987), S. 316.

$$P[(1,0)|(1,0)\text{ oder }(0,1)] = \frac{P(1,0)}{P(1,0)+P(0,1)} = \frac{\exp[\boldsymbol{\beta}'(\mathbf{X}_{i1}-\mathbf{X}_{i2})]}{\mathbf{M}}$$

und

$$P[(0,1)|(1,0)\text{ oder }(0,1)] = \frac{1}{\mathbf{M}},$$

wobei

$$M = 1+\exp[\boldsymbol{\beta}'(\mathbf{X}_{i1}-\mathbf{X}_{i2})]$$

Durch diese Umformung konnten die individuenspezifischen Effekte $\alpha_i$ herausgekürzt und ein Standard-Logit-Modell erreicht werden. Veränderungen in den erklärenden Variablen $X_{it}$ können somit zur Erklärung von Veränderungen in der binären abhängigen Variablen herangezogen werden. Im Gegensatz dazu ist die Probit-Modellierung im Fixed-Effects-Ansatz rechnerisch schwieriger zu implementieren, da sich bei Anwendung der bedingten ML-Schätzung die individuenspezifischen Effekte nicht gegenseitig aufheben. Folglich müssen alle N Fixed-Effects geschätzt werden, was wiederum bei geringem Zeitumfang T inkonsistente Schätzergebnisse auch für den Strukturparametervektor $\boldsymbol{\beta}$ nach sich zieht.[197] In Anwendungen des Fixed-Effects-Modells bei Vorliegen qualitativer Regressanden ist die Logit-Modellierung somit die erste Wahl.

### 5.1.3.2 Random-Effects-Probit-Modell

Im Random-Effects-Ansatz werden die individuenspezifischen Effekte $\alpha_i$ als zufällig angenommen, was die Spezifizierung einer Verteilung erfordert. Sind die individuenspezifischen Effekte mit den einbezogenen Regressoren $X_{it}$ korreliert, wird unter der Voraussetzung gegebener $X_{it}$ eine bedingte Verteilung der $\alpha_i$ benötigt.[198] Durch die gemeinsame Schätzung einer feststehenden Anzahl an Parametern dieser bedingten Verteilung und der strukturellen Modellparameter wird das Problem vermieden, dass der Umfang zu schätzender Parameter mit der Anzahl der Individuen wächst. Diesem Vorteil steht allerdings das Erfordernis der Annahme einer funktionalen Form der Verteilung der $\alpha_i$ gegenüber. Eine inkorrekte Verteilungsannahme führt zu inkonsistenten Schätzergebnissen.[199]

---

[197] Vgl. Maddala, G.S. (1987), S. 317.
[198] Vgl. Hamerle, A. / Ronning, G. (1995), S. 417.
[199] Vgl. Hamerle, A. / Ronning, G. (1995), S. 417.

Wenn die Regressionsbeziehung (5.24) und die Modellierung (5.26) gelten, dann ist bei Vorliegen von Random-Effects der zusammengesetzte Fehlerterm in (5.27) zwischen den Personen über die Zeit korreliert. Im Logit-Modell folgen die Störgrößen einer logistischen Verteilung. Folglich müsste man bei Anwendung des Logit-Modells die multivariate logistische Verteilung zu Grunde legen. Diese hat den Nachteil, dass die Korrelationen zwischen den Restgrößen $\varepsilon_{it}$ eines Individuums auf den Wert 0,5 restringiert sind,[200] was die Flexibilität bei der Modellierung einschränkt. Mit dem Probit-Modell hingegen wird die multivariate Normalverteilung genutzt, welche eine größere Flexibilität in den Korrelationsstrukturen zulässt. Aus diesem Grunde ist im Falle von Random-Effects bei Vorliegen von qualitativen Regressanden die Probit-Modellierung einfacher zu handhaben als die Logit-Modellierung. Die Darstellung bleibt daher auf das *Random-Effects-Probit-Modell* beschränkt.

Weil alternative Modellansätze existieren, ist für die Ausgestaltung des Random-Effects-Probit-Modells die Frage der Korrelationsstruktur zwischen den erklärenden Variablen und den individuenspezifischen Effekten eine entscheidende. Geht man davon aus, dass die zusammengesetzten Residuen $\varepsilon_{it}$ und damit neben den $v_{it}$ auch die individuellen Effekte $\alpha_i$ nicht mit den Regressoren korreliert sind, hat man es mit strikter Exogenität der Regressoren zu tun. In diesem Fall kommen Modelle mit äquikorrelierten Störgrößen[201] zur Anwendung. Zu dieser Kategorie gehören das Modell von Heckman und Willis (1976)[202], für welches Butler and Moffitt (1982)[203] einen effizienten Computer-Algorithmus gefunden haben. Des Weiteren existiert das Avery-Hansen-Hotz-Modell (1983)[204], welches hinsichtlich der Korrelationsstruktur der Fehlerterme eine Verallgemeinerung des erstgenannten darstellt.[205] Die dieser Modellkategorie zugrunde liegende Annahme, dass die Regressoren strikt exogen sind, stellt eine ernsthafte Einschränkung dar.[206] Der Zweck der Modellierung zufälliger Effekte war es gerade, eine Verzerrung der Schätzergebnisse durch Vernachlässigung von Variablen, die mit den Regressoren korreliert sind, zu vermeiden („omitted

---

[200] Vgl. Maddala, G.S. (1987), S. 317.
[201] Eine Besonderheit dieser Modelle ist, dass angenommen wird, dass die Korrelation der Fehlerterme eines Individuums über die Zeit konstant ist, d.h. mit zunehmendem zeitlichem Abstand nicht geringer wird. Dafür hat sich der Begriff „Äquikorrelation“ eingebürgert. Vgl. hierzu Hamerle, A. / Ronning, G. (1995), S. 423.
[202] Vgl. Heckman, J.J. / Willis, R. (1976).
[203] Vgl. Butler, J.S. / Moffitt, R. (1982).
[204] Vgl. Avery, R.B. / Hansen, L.P. / Hotz, V.J. (1983).
[205] Vgl. Maddala, G.S. (1987), S. 324.
[206] Vgl. Maddala, G.S. (1987), S. 322.

variable bias“). Diese Verzerrung verschwindet aber nicht, wenn die individuenspezifischen Effekte $\alpha_i$ fälschlicherweise als unabhängig von den Regressoren $X_{it}$ angesehen werden. Aus diesem Grunde werden die Modelle mit äquikorrelierten Störgrößen hier nicht weiter behandelt und stattdessen ein Modell vorgestellt, welches den genannten Kritikpunkten Rechnung trägt und die Annahme strikter Exogenität aufgibt – das Chamberlain-Modell.

Bereits oben wurde erwähnt, dass bei vorhandener Korrelation zwischen den $\alpha_i$ und den $X_{it}$, eine bedingte Verteilung der $\alpha_i$ für gegebene $X_{it}$ spezifiziert werden muss. Diese Spezifizierung der genauen Abhängigkeitsbeziehung der individuenspezifischen Effekte von den Regressoren stellt in Anwendungen eine große Herausforderung dar. Ausgehend vom Schwellenwertmodell (5.24) und der Spezifikation des Fehlerterms (5.27), gelangt man zu:

$$(5.29) \qquad Y_{it}^{*} = \boldsymbol{\beta}'\mathbf{X}_{it} + \alpha_i + \nu_{it}$$

Chamberlain (1984) unterstellt für die individuenspezifischen Effekte eine lineare Beziehung:[207] $\alpha_i = \mathbf{a}'\mathbf{X}_i + \eta_i$ mit dem Zeilenvektor $\mathbf{a}'$ der Dimension $(T \cdot K)$ und dem $(T \cdot K)$-dimensionalen Vektor der erklärenden Variablen für das i-te Individuum $\mathbf{X}_i$. Weiter wird angenommen, dass die Regression der $X_i$ auf die $\alpha_i$ linear ist, die $\eta_i$ unabhängig von den Regressoren sind und einer Normalverteilung $\left(\eta_i \sim NV\left(0, \sigma_\eta^2\right)\right)$ folgen.[208] Setzt man $\alpha_i = \mathbf{a}'\mathbf{X}_i + \eta_i$ in (5.29) ein, erhält man das Random-Effects-Probit-Modell:[209]

$$(5.30) \qquad Y_{it}^{*} = \boldsymbol{\beta}'\mathbf{X}_{it} + \mathbf{a}'\mathbf{X}_i + \eta_i + \nu_{it}$$

Sind die latenten Variablen $\nu_{it}$ stochastisch unabhängig und identisch standardnormalverteilt, lässt sich die logarithmierte Likelihood-Funktion wie folgt darstellen:[210]

$$(5.31) \qquad \ln L = \sum_{i=1}^{N} \ln \int_{-\infty}^{\infty} \prod_{t=1}^{T} \Phi\left(\left(2 \cdot Y_{it} - 1\right)\left(\boldsymbol{\beta}'\mathbf{X}_{it} + \mathbf{a}'\mathbf{X}_i + \sigma_\eta \tilde{\eta}_i\right)\right) \varphi\left(\tilde{\eta}_i\right) d\tilde{\eta}_i$$

---

[207] Vgl. Chamberlain, G. (1984), S. 1250.
[208] Vgl. Chamberlain, G. (1984), S. 1250 f.
[209] Vgl. Maddala, G.S. (1987), S. 322.
[210] Vgl. Bode, O. (2002), S. 20.

Mit $\Phi$ wird die Verteilungsfunktion der Standardnormalverteilung bezeichnet, mit $\varphi$ die zugehörige Dichte. Weiter gilt: $\tilde{\eta}_i = \frac{\eta_i}{\sigma_\eta}$. Statt obiges Intergral zu lösen, ist es rechentechnisch günstiger, T getrennte Parameterschätzungen vorzunehmen und somit für jeden Beobachtungszeitpunkt ein einfaches Probit-Modell zu schätzen.[211] Aufgrund der Symmetrieeigenschaft der Normalverteilung gilt nämlich für ein beliebiges, festes t ($t = 1,\ldots,T$):[212]

(5.32) $$\begin{aligned} P(Y_{it} = 1) &= P(Y_{it}^* > 0) = P(\boldsymbol{\beta}'\mathbf{X}_{it} + \mathbf{a}'\mathbf{X}_i + \eta_i + \nu_{it} > 0) \\ &= P(\eta_i + \nu_{it} > -(\boldsymbol{\beta}'\mathbf{X}_{it} + \mathbf{a}'\mathbf{X}_i)) = P(\eta_i + \nu_{it} < \boldsymbol{\beta}'\mathbf{X}_{it} + \mathbf{a}'\mathbf{X}_i) \end{aligned}$$

Die Störgröße $\eta_i + \nu_{it}$ ist normalverteilt mit Erwartungswert Null und Varianz $1 + \sigma_\eta^2$. Die bezüglich $\alpha_i$ marginale, unbedingte Wahrscheinlichkeit für $Y_{it}$ lässt sich nun wie folgt schreiben:[213]

(5.33) $$P(Y_{it} = 1) = \Phi\left( \frac{1}{\sqrt{1+\sigma_\eta^2}} (\boldsymbol{\beta}'\mathbf{X}_{it} + \mathbf{a}'\mathbf{X}_i) \right)$$

Fasst man die nicht beobachtbaren Schwellenwerte $Y_{it}^*$ für alle $t = 1,\ldots,T$ in einem Vektor zusammen, erhält man:[214]

(5.34) $$\mathbf{Y}_i^* = (\mathbf{I}_T \otimes \boldsymbol{\beta}' + \boldsymbol{\iota}_T \mathbf{a}')\mathbf{X}_i + \boldsymbol{\iota}_T \boldsymbol{\eta}_i + \nu_i = \Pi\, \mathbf{X}_i + \boldsymbol{\iota}_T \boldsymbol{\eta}_i + \nu_i$$

Dabei ist $\mathbf{I}_T$ eine Einheitsmatrix mit Ordnung T und $\boldsymbol{\iota}_T$ ein T-dimensionaler Vektor, der nur Einsen enthält. $\mathbf{I}_T \otimes \boldsymbol{\beta}'$ stellt das Kronecker-Produkt[215] von $\mathbf{I}_T$ und $\boldsymbol{\beta}'$ dar. Chamberlain leitet aus der Vektorisierung von $\Pi$ folgende Restriktionen ab

(5.35) $$\hat{\pi}_t = \frac{1}{\sqrt{1+\hat{\sigma}_\eta^2}} \left( \hat{a}_{11},\ldots,\hat{a}_{1K},\ldots,\hat{a}_{t1} + \hat{\beta}_1,\ldots,\hat{a}_{tK} + \hat{\beta}_K,\ldots,\hat{a}_{T1},\ldots,\hat{a}_{TK} \right)$$

---

211 Vgl. Chamberlain, G. (1984), S. 1273.
212 Vgl. Bode, O. (2002), S. 21.
213 Vgl. Bode, O. (2002), S. 21.
214 Vgl. Bode, O. (2002), S. 21.
215 Vgl. Zum Kronecker-Produkt vgl. z.B. Dielman, T.E., (1989), S. 31.

und schlägt für die Schätzung der Elemente von $\pi$ die „Minimum-Distance"-Methode[216] vor. Diese liefert über die allgemeine Form der $\pi$ auferlegten Restriktionen und die Minimierung des Ausdrucks (5.36) nach $\theta$ den „Minimum-Distance"-Schätzer für $\theta$:[217]

$$(5.36) \qquad (\hat{\boldsymbol{\pi}} - f(\boldsymbol{\theta}))' \hat{\boldsymbol{\Omega}}^{-1} (\hat{\boldsymbol{\pi}} - f(\boldsymbol{\theta}))$$

Die „Minimum-Distance"-Methode ist ein GLS-Schätzverfahren und bringt unter der Voraussetzung normalverteilter Störgrößen konsistente und asymptotisch effiziente Schätzergebnisse hervor.[218]

## 5.2 Datenbasis

Die im nachfolgenden Kapitel dargestellte ökonometrische Analyse basiert auf Auswertungen des DJI-Familiensurveys. Der DJI-Familiensurvey stellt die größte repräsentative Datenquelle in Deutschland zum Wandel von Lebensformen rund um die Familie dar. Er ist das Kernstück eines Projektes der Sozialberichterstattung über Familien in Deutschland, das seit 1988 unter dem Titel „Wandel und Entwicklung familialer Lebensformen" am Deutschen Jugendinstitut[219] angesiedelt ist. Auftraggeber und Financier ist das Bundesministerium für Familie, Senioren, Frauen und Jugend. Das Hauptthema des Projektes ist die Untersuchung von Familienformen, der Dynamik von Beziehungen, von Kindern und Berufskarrieren mit ihren Auswirkungen auf das Familienleben. Der Familiensurvey befasst sich mit dem Familienleben hauptsächlich unter soziologischen Gesichtspunkten wie Pluralisierung von Lebensführung, Singularisierung von Lebensformen, sozialer Wandel und soziale Ungleichheit, das Wechselspiel

216 Vgl. Maddala, G.S. (1987), S. 323.

217 Wobei $\theta = (\beta', a')'$ sei und $\hat{\Omega}$ den Schätzer der asymptotischen Kovarianzmatrix von $\hat{\pi}$ bezeichnet. Vgl. hierzu Chamberlain, G. (1984), S. 1288 ff.

218 Vgl. Maddala, G.S. (1987), S. 323.

219 Das Deutsche Jugendinstitut e. V. (DJI) mit Sitz in München ist ein sozialwissenschaftliches Forschungsinstitut auf Bundesebene. Es gliedert sich auf in die Abteilungen „Kinder und Kinderbetreuung", „Jugend und Jugendhilfe", „Familie und Familienpolitik", „Geschlechterforschung und Frauenpolitik" und „Social Monitoring" sowie dem Forschungsschwerpunkt „Übergänge in Arbeit". Das DJI führt sowohl eigene Forschungsvorhaben als auch Auftragsforschung durch. Die Finanzierung erfolgt überwiegend aus Mitteln des Bundesministeriums für Familie, Senioren, Frauen und Jugend und im Rahmen von Projektförderungen aus Mitteln des Bundesministeriums für Bildung und Forschung. Weitere Zuwendungen erhält das DJI von den Bundesländern und Institutionen der Wissenschaftsförderung. Vgl. hierzu Bien, W. / Marbach, J.H. (2003).

zwischen Staat und Familie sowie weitere soziale und kulturelle Aspekte. Im Gegensatz zur amtlichen Statistik fragt der Familiensurvey danach, wie Menschen ihre familiäre und außerfamiliäre Umwelt erleben, wie sie darin handeln, auf welche Bedingungen und Zwänge sie Rücksicht nehmen. Es geht in dieser Erhebung über die statistischen Fakten hinaus um komplexe Zusammenhänge und um Motive, warum Personen in Familienangelegenheiten so und nicht anders handeln.

Der Familiensurvey umfasst bislang drei Erhebungswellen (1988/90/91 – 1994 – 2000). Mit den Feldarbeiten wurde „Infratest Burke Sozialforschung" beauftragt. Die *erste Welle* konnte aufgrund der politischen Rahmenbedingungen in den alten und neuen Bundesländern nur zeitversetzt durchgeführt werden: *1988* in den alten, *1990/91* in den neuen Bundesländern. 18- bis 55-Jährige mit deutscher Staatszugehörigkeit bildeten jeweils die Grundgesamtheit. Die Zufallsstichprobe in den alten Ländern umfasste 10.043 Interviews, davon wurden 6.931 Befragte nach dem ADM-Random-Route-Verfahren[220] und 3.011 Personen über Einwohnermelderegister ausgewählt. 101 Teilnehmer des Pretests wurden ein weiteres Mal befragt. In den neuen Bundesländern zog man die Stichprobe aus dem Einwohner-Zentralregister der ehemaligen DDR (N = 1.951). Ergänzt wurde die erste Welle durch zwei Zusatzuntersuchungen über Mehrgenerationen-Familien und die Lebensführung älterer Menschen.
Die *zweite Welle* fand *1994* statt. Sie erfasste mit 10.994 Interviews die neuen und alten Bundesländer gleichzeitig. Aus technischen Gründen konnte eine Panelbefragung nur in den alten Bundesländern durchgeführt werden (N = 4.997). Die Altersspanne der Befragten betrug 24 bis 61 Jahre. Sowohl in den alten als auch in den neuen Bundesländern wurden Ergänzungsstichproben und Nacherhebungen[221] gezogen und befragt. Weiter wurde auch die zweite Welle des Fa-

[220] Infratest kann als Mitglied der Arbeitsgemeinschaft Deutscher Marktforschungsinstitute (ADM) auf eine repräsentative Auswahl von Befragungseinheiten zurückgreifen. Die erste Stufe der Stichprobenbildung stellen die regionalen Einheiten (Gemeinde bzw. Bezirke) als ein proportionales Abbild der Grundgesamtheit dar. In der zweiten Stufe wird in jeder regionalen Einheit eine Haushaltsadresse zufällig als Startadresse für einen Random-Walk ausgewählt. Ausgehend von einer Startadresse hat dabei der Interviewer auf einem exakt vorgeschriebenen Weg jeden dritten Privathaushalt zu kontaktieren und festzustellen, ob dort Zielpersonen im interessierenden Alter leben. Leben mehrere Personen der entsprechenden Altersgruppe im Haushalt, erfolgt die Auswahl der Zielperson anhand des sog. Schwedenschlüssels. Vgl. hierzu Schneekloth, U. (2000), S. 6.

[221] Diese Zufallsstichproben dienten vornehmlich dazu, die durch das Panel in den alten Bundesländern ausgesparten 18- bis 23-Jährigen zu erfassen und die nach der Vereinigung aus den neuen in die alten Bundesländer gewanderten, jungen Menschen durch eine genügend große Fallzahl zu berücksichtigen.

miliensurveys durch Zusatzuntersuchungen aufgestockt. Diese befassten sich mit Kindern in nichtehelichen Lebensgemeinschaften und mit dem Thema „Persönlichkeit und soziale Netzwerke".

Die *dritte Befragung* wurde im Jahr *2000* durchgeführt und umfasst eine weitere Panelwelle mit nunmehr 30- bis 67-jährigen Deutschen (N = 2.002). In den neuen Bundesländern wurden 1.478 und in den alten Bundesländern 6.613 ergänzende Interviews unter 18- bis 55-Jährigen geführt. Diese Stichprobe wurde um eine spezielle Befragung von 181 bzw. 44 Jugendlichen (alte / neue Bundesländer) im Alter von 16 und 17 Jahren aus den Haushalten der erwachsenen Befragungsteilnehmer ergänzt. Im Gegensatz zu den früheren Wellen, flossen in die dritte Welle auch deutschsprachige Ausländer mit ein. Zusatzuntersuchungen befassten sich mit Stieffamilien und Familien in prekären Lebenslagen.

Grundlage der vorliegenden Arbeit bildet die *Panelstichprobe*. Diese deckt einen Zeitraum von 12 Jahren (1988-2000) ab und umfasste ursprünglich 2.002 Individuen aus den alten Bundesländern. Vor dem Hintergrund des Analyseziels und unter Berücksichtigung der Datenverfügbarkeit wurden Transformationen des Ursprungsdatenmaterials vorgenommen. Diese sollen im Folgenden kurz offen gelegt und erläutert werden.[222]

### 5.2.1 Auswahl der Individuen

Hinsichtlich der Auswahl und Anzahl der zu analysierenden *Individuen* fand in einem ersten Schritt die Löschung derjenigen Personen statt, die nicht an der Panelerhebung teilnahmen, also nicht zu allen drei Zeitpunkten (1988-1994-2000) befragt wurden. Da sich die zu untersuchende Fragestellung auf Frauen bezieht, sind alle Männer aus der Datenbasis eliminiert worden. Die Analyse beschränkt sich somit auf die *1.131* weiblichen Individuen, die über den gesamten Beobachtungszeitraum im Panel enthalten sind. Aufgrund o. g. Erhebungs-

---

[222] Auf eine Merkmalsgewichtung der Umfrageergebnisse wurde im Rahmen dieser Arbeit aus mehreren Gründen verzichtet. Empirische Untersuchungen auf Basis des Familiensurveys haben nämlich gezeigt, dass durch Gewichtung der Stichprobenvariablen die Schätzungen für die Grundgesamtheit nicht besser, sondern schlechter werden. (Vgl. Alt, C. / Bien, W. (1994), S. 137). Zudem sind im vorliegenden Datensatz nur querschnittsbezogene Gewichtungsfaktoren bzw. Hochrechnungen für einige wenige soziodemografische Größen (Alter, Geschlecht und Familienstand) gegeben. Panelerhebungen bedürfen aber zusätzlicher längsschnittbezogener Gewichte. Diese liegen nicht vor. Vgl. Schneekloth, U. (2000), S. 12.

designs finden zudem nur Frauen aus Westdeutschland mit deutscher Staatsangehörigkeit Berücksichtigung.

### 5.2.2 Variablenauswahl

Wie bereits ausführlich in Kapitel 4.4 dieser Arbeit beschrieben, lassen sich aus den Ergebnissen der eigenen deskriptiven Analysen (Kapitel 4.1 und 4.2) sowie aus anderen empirischen Untersuchungen[223] mögliche *Determinanten* zur Erklärung der Fertilität und der Frauenerwerbstätigkeit ableiten. Diese sind das Alter der Frau, ihr Familienstand, das Vorhandensein von Kindern, deren Anzahl und Alter sowie die vorhandenen Betreuungsmöglichkeiten, der Bildungsstand der Frau, ihre (Nicht-)Berufstätigkeit und deren Umfang, das Einkommen sowie ihre persönlichen Einstellungen/Werte.

Die genannten erklärenden Merkmale sowie die beiden zu erklärenden Variablen „Erwerbstätigkeit (ja / nein)" und „Kind (ja / nein)" sind in einem nächsten Schritt mit den im Datensatz vorhandenen Größen verglichen worden. Aus diesem Vergleich ergaben sich einerseits die Variablen, die in die statistisch-ökonometrische Analyse eingehen und andererseits nicht nutzbare Variablen, die aus Gründen der Übersichtlichkeit aus der Datengrundlage entfernt wurden.

Aus dem Familiensurvey wurden diejenigen Merkmale gelöscht,

- die vor dem Hintergrund der interessierenden Fragestellung nicht notwendig erschienen,
- die für die Panelanalyse nicht brauchbar sind, weil sie nicht in allen Beobachtungswellen erfragt wurden,
- die zu häufig fehlende Werte aufwiesen.

Daraufhin fand eine Überprüfung der im Panel verbliebenen Merkmale hinsichtlich ihrer Eignung für die Analyse und ihrer Verfügbarkeit statt. Zur Vermeidung einer zu hohen Reduktion der Fall- und Variablenanzahlen durch fehlende Werte wurde in einem nächsten Schritt das Datenmaterial durch Modifikationen vorhandener Merkmale und mittels Plausibilitätsüberlegungen ergänzt. In diesem Zusammenhang sind Variablen zusammengefasst und umkodiert sowie ihre inhaltliche Abgrenzung vereinheitlicht worden. Da die Merkmale ursprünglich in - nach Erhebungsjahr und Thematik - getrennten Dateien hinterlegt waren,

---

[223] Vgl. Institut für Demoskopie Allensbach (2004), Institut für Demoskopie Allensbach (2005), Lipinski, H. / Stutzer, E. (2004), Prognos AG (2005)

wurden sie in einem letzten Schritt anhand der Identifikationsnummern miteinander verknüpft. Unter Berücksichtigung der beschriebenen Restriktionen und der Datenverfügbarkeit umfasst der in die Analyse eingehende Datensatz die in Tabelle 8 dargestellten Informationen. Angaben zu den inhaltlichen Abgrenzungen der einzelnen Variablen finden sich aus Platzgründen im Anhang 6.

Die in Tabelle 8 als Basisvariablen bezeichneten Merkmale enthalten lediglich Informationen zur Identifizierbarkeit und können nicht für die Analyse genutzt werden. Die personenbezogenen Variablen enthalten zusätzlich zu den oben abgeleiteten Merkmalen Alter, Alter$^2$, Familienstand, Kind (ja / nein), Kinderanzahl und Alter des jüngsten Kindes, Angaben, die Rückschlüsse über die Betreuungssituation zulassen. Empirische Untersuchungen auf Basis des SOEP haben ergeben, dass jedes dritte Kind in Deutschland – egal ob West oder Ost – von Verwandten betreut wird.[224] So ist davon auszugehen, dass mit der Anzahl der Verwandten die Möglichkeit der innerfamiliären Kinderbetreuung steigt. Auch eine geringe Distanz zu den Großeltern erhöht die Betreuungsmöglichkeiten. Denn nach einer Studie des Deutschen Instituts für Wirtschaftsforschung erweist sich die Nähe zum Wohnort der Großmutter als einzig relevanter Faktor für die Kinderzahl. Hingegen ist zwischen den Angeboten an Kinderbetreuung und der Geburtenrate bislang für Deutschland empirisch kein Zusammenhang nachweisbar.[225] Die beiden Variablen, die die Stunden messen, die das Kind entweder durch Verwandte oder eine Tagesmutter oder in Institutionen betreut wird, stehen für die tatsächlich in Anspruch genommene Kinderbetreuung. Mit der Variablen „Geschwisteranzahl der Frau“ soll einem Phänomen namens „historische Fertilität“ Rechnung getragen werden. Dieses besagt, dass Frauen aus kinderreichen Familien eine höhere Wahrscheinlichkeit aufweisen, selbst Mutter zu werden als Frauen ohne Geschwister. Die berufsbezogenen Variablen enthalten Informationen über den (Aus-) Bildungsstand und die berufliche Situation der Frau.

In den einkommensbezogenen Variablen als Maße für die ökonomische Situation sind sowohl nominale als auch reale Einkommensgrößen enthalten. Die nominalen Werte für das Haushaltseinkommen, das persönliche Nettoeinkommen der Frau und das Pro-Kopf-Einkommen der Familie waren im Datensatz bereits vorhanden. Die entsprechenden realen Größen wurden durch Deflationierung - indem also der Nominalwert durch das Preisniveau dividiert wurde - berechnet.

---

[224] Vgl. Dickmann, N. / Flüter-Hoffmann, C. / Peter, W. / Seyda, S. (2004), S. 34.
[225] Vgl. Hank, K. /Kreyenfeld, M. / Spieß, K. (2003), S. 17.

| Nr. | Variablenbezeichnung | Messniveau |
|---|---|---|
| **Basisvariablen** | | |
| 1-3 | Fragebogen-Nummer (88/94/00) | metrisch |
| 4 | Jahr der Befragung | metrisch |
| **Personenbezogene / Haushaltsbezogene Variablen** | | |
| 5 | Alter der Frau | metrisch |
| 6 | Quadriertes Alter der Frau | metrisch |
| 7 | Geschwisteranzahl der Frau | ordinal |
| 8 | Familienstand der Frau | nominal |
| 9 | Kinder* | nominal |
| 10 | Kinderanzahl | metrisch |
| 11 | Altersgruppe des jüngsten (lebenden) Kindes | ordinal |
| 12 | Anzahl der Verwandten | metrisch |
| 13 | Entfernung zu den Eltern der Frau | nominal |
| 14 | Entfernung zu den Partnereltern | nominal |
| 15 | Stunden/Woche in institutioneller Betreuung (Kindergarten, -krippe, usw.) | metrisch |
| 16 | Stunden/Woche in informeller Betreuung (Verwandte, Tagesmutter usw.) | metrisch |
| **Berufsbezogene Variablen** | | |
| 17 | höchster Schulabschluss der Frau | ordinal |
| 18 | Akademikerin | nominal |
| 19 | Erwerbstätigkeit* | nominal |
| 20 | wöchentliche Arbeitszeit der Frau | metrisch |
| **Einkommensbezogene Variablen** | | |
| 21 | Haushaltsnettoeinkommen (gruppiert) | ordinal |
| 22 | persönliches Nettoeinkommen der Frau (gruppiert) | ordinal |
| 23 | Pro-Kopf-Einkommen (Betrag) | metrisch |
| 24 | Pro-Kopf-Einkommen (gruppiert) | ordinal |
| 25 | Reales HH-Nettoeinkommen (gruppiert) | ordinal |
| 26 | Reales pers. Nettoeinkommen (gruppiert) | ordinal |
| 27 | Reales Pro-Kopf-Einkommen (Betrag) | metrisch |
| 28 | Logarithmiertes Pro-Kopf-Einkommen | metrisch |

*Tab. 8: Verfügbare und nutzbare Variablen.*[226]

[226] Die mit * gekennzeichneten Variablen bilden die beiden zu erklärenden Größen ab.

Die Verwendung realer, also preisbereinigter Größen ist in der Ökonometrie üblich. Sie macht Interpretationen im Vergleich zum gewählten Basisjahr möglich und vermeidet die Analyse von Scheinzusammenhängen, die nur auf einem gemeinsamen (Preissteigerungs-)Trend beruhen. Problematisch ist allerdings die Wahl eines geeigneten Basisjahres für eine Paneldatenanalyse und die damit verbundenen Interpretationsschwierigkeiten. Ein weiteres Argument gegen die Verwendung deflationierter Variablen im Rahmen einer Panelanalyse besteht darin, dass bspw. für die Arbeitsangebotsentscheidung einer Frau nur das aktuelle Einkommen relevant ist. Da in der einschlägigen Literatur zur Paneldaten-Analyse[227] kein Hinweis zum Umgang mit Wertgrößen zu finden ist, wird die Frage, ob nominale oder reale Einkommensgrößen zu verwenden sind, empirisch gelöst. Beide Arten von Variablen werden in das Modell aufgenommen.[228] Diejenigen Größen werden eliminiert, die keine von Null signifikant verschiedenen Koeffizienten hervorbringen.

### 5.2.3 Operationalisierung der Variablen

Tabelle 8 beinhaltet neben der Bezeichnung der verfügbaren Variablen auch deren Skalierung. Dabei fällt auf, dass über die Hälfte der Variablen nicht metrisch skaliert ist. Dieses Phänomen ist bei Daten, die aus mikroökonomischen Befragungen resultieren, nicht selten. Die klassische Regressionsanalyse - und auch die Erweiterungen für qualitative Regressanden - geht aber von einer metrischen Skalierung der erklärenden Variablen aus. Für die Operationalisierung nominaler und ordinaler Regressoren ist in der Literatur kein „Patentrezept" vorhanden. Ferner existieren auch keine formalen Methoden zur Entscheidungshilfe. Vielmehr ist eine pragmatische Einzelfallentscheidung über die Art der Berücksichtigung nicht metrisch skalierter Variablen im Rahmen der Regressionsanalyse gefragt.

Prinzipiell besteht eine Möglichkeit darin, bei insgesamt K Ausprägungen einer nominal- bzw. ordinal-skalierten Variablen J-1 Hilfsgrößen zu bilden und diese so genannten *Dummyvariablen* in das Modell aufzunehmen. Für die Bildung dieser Dummyvariablen wird meist eine Kodierung verwendet, die der Variablen den Wert Eins für eine bestimmte Ausprägung zuweist und den Wert Null für alle übrigen Kategorien. Jede Dummyvariable identifiziert damit genau eine

---

[227] Wie bspw. Hujer, R. / Rendtel, U. / Wagner, G. (Hrsg.) (1997), Mátyás, L. / Sevestre, P. (Hrsg.) (1996) oder Hsiao, C. (2003).

[228] Die deflationierten Variablen beziehen sich auf das Basisjahr 1988.

Kategorie der Ausgangsvariablen. Da aber bei J Kategorien der Ausgangsvariablen nur J-1 Dummyvariablen gebildet werden, gibt es eine Kategorie, bei der alle Dummyvariablen den Wert Null ausweisen. Diese Kategorie wird als Referenzkategorie bezeichnet. Würde man auch für die Referenzkategorie eine eigene Dummyvariable bilden und in das Modell aufnehmen, könnte man die Regressionskoeffizienten nicht mehr schätzen, weil die Ausprägungen dieser Dummyvariablen durch die anderen perfekt vorhergesagt werden könnten.[229] Wenn eine erklärende Variable durch die übrigen Regressoren perfekt prognostiziert werden kann, enthält diese Variable keine zusätzliche Information. Aufgrund dieser perfekten Kollinearität ist es dann nicht mehr möglich, den einzelnen Variablen in eindeutiger Weise Regressionskoeffizienten zuzuordnen.

Ein weiteres Problem bei der Verwendung von Dummyvariablen ist deren Interpretation, welche immer in Bezug auf die Referenzkategorie erfolgt. Dieses Vorgehen erhöht die Komplexität - gerade bei ordinal skalierten Variablen - mit dem Kategorienumfang und der Anzahl an Dummyvariablen im Modell überproportional. Aufgrund der großen Anzahl nicht metrisch skalierter Größen im vorliegenden Datensatz erscheint unter Anwendungsgesichtspunkten ein alternatives Vorgehen als geeignet. Variablen mit mehr als zwei Kategorien wurden nicht als Dummyvariablen kodiert, sondern als *„metrisierte" Variable* in das Modell aufgenommen.[230] Das Vorgehen soll anhand der ordinal-skalierten Variablen „Haushaltsnettoeinkommen" (Nr. 21) veranschaulicht werden. Diese liegt in gruppierter Form vor und beinhaltet die folgenden 9 Einkommensklassen:

bis unter 430 DM
430 - < 1.200 DM
1.200 - < 2.000 DM
2.000 - < 3.000 DM
3.000 - < 4.000 DM
4.000 - < 5.000 DM
5.000 - < 7.000 DM
7.000 - < 9.000 DM
9.000 DM oder mehr

Anstatt J-1 = 8 Dummyvariablen in das Modell aufzunehmen, wurde lediglich eine einzige Variable „Haushaltseinkommen" in quasi-metrischer Form berück-

[229] Vgl. Andreß, H.-J. / Hagenaars, J. A. / Kühnel, S. (1997), S. 276 f.
[230] Nominal skalierte Variablen mit zwei Ausprägungskategorien wurden in Form von Dummy-Variablen berücksichtigt.

sichtigt. Dieses Vorgehen beachtet das Prinzip der sparsamen Modellierung und erleichtert somit die Interpretierbarkeit der Ergebnisse.

Die deskriptiven Statistiken zu den Variablen im Paneldatensatz finden sich in Tabelle 9. Die Merkmale „Kinder" und „Erwerbstätigkeit" stellen die zu erklärenden Variablen dar. Da es sich hierbei um dichotome Variablen handelt, die lediglich die Werte Null und Eins annehmen können, lassen sich die angegebenen Mittelwerte als Anteilswerte interpretieren. Demnach sind 88 % der befragten Frauen im Paneldatensatz Mütter von mindestens einem Kind. Betrachtet man die Jahre 1988, 1994 und 2000 im Einzelnen[231], schwankt dieser Wert zwischen 82 % (1988) und 91 % (2000). Der Anteil der Mütter im Datensatz hat also über die Zeit gesehen um 9 %-Punkte zugenommen. Ähnlich verhält es sich mit der Erwerbstätigkeit dieser Frauen. Lag der Anteil der erwerbstätigen Frauen 1988 noch bei 50 %, stieg er bis zum Jahr 2000 auf 58 % an. Dies ergibt einen Anteilswert erwerbstätiger Frauen im Paneldatensatz von 55 %.

[231] Aus Platzgründen wird an dieser Stelle auf eine Aufstellung der deskriptiven Statistiken für die einzelnen Panelwellen verzichtet und auf den Anhang 7 verwiesen.

| Panel (1988-2000) | | | | | |
|---|---|---|---|---|---|
| **Nr.** | **Variable (Einheit) [Messniveau*]** | **Min** | **Max** | $\overline{X}$ | $s_{\overline{X}}$ |
| 5 | Alter der Frau (in Jahren) [m] | 18 | 67 | 43,3 | 10,652 |
| 6 | Quadriertes Alter der Frau (in Jahren$^2$) [m] | 324 | 4489 | 1988,38 | 942,829 |
| 7 | Geschwisteranzahl der Frau [o] | 0 | 3 | 1,81 | 1,027 |
| 8 | Familienstand der Frau [n] | 0 | 1 | 0,83 | 0,376 |
| 9 | Kinder [n] | 0 | 1 | 0,88 | 0,328 |
| 10 | Kinderanzahl [m] | 0 | 10 | 1,90 | 1,216 |
| 11 | Altersgruppe des jüngsten (lebenden) Kindes [o] | 0 | 3 | 2,20 | 0,980 |
| 12 | Anzahl der Verwandten [m] | 0 | 20 | 6,35 | 2,960 |
| 13 | Entfernung zu den Eltern der Frau [n] | 0 | 1 | 0,54 | 0,498 |
| 14 | Entfernung zu den Partnereltern [n] | 0 | 1 | 0,52 | 0,500 |
| 15 | Stunden/Woche in institutioneller Betreuung (Kindergarten, Kinderkrippe usw.) [m] | 0 | 40 | 1,27 | 5,071 |
| 16 | Stunden/Woche in informeller Betreuung (Geschwister, Großmutter, Tagesmutter ...) [m] | 0 | 60 | 0,59 | 3,320 |
| 17 | höchster Schulabschluss der Frau [o] | 1 | 5 | 2,81 | 1,056 |
| 18 | Akademikerin [n] | 0 | 1 | 0,11 | 0,313 |
| 19 | Erwerbstätigkeit [n] | 0 | 1 | 0,55 | 0,497 |
| 20 | wöchentliche Arbeitszeit der Frau (in Stunden) [m] | 0 | 99,9 | 17,38 | 18,572 |
| 21 | Haushaltsnettoeinkommen (gruppiert) [o] | 1 | 9 | 5,66 | 1,580 |
| 22 | Pers. Nettoeinkommen der Frau (gruppiert) [o] | 0 | 9 | 2,25 | 1,820 |
| 23 | Pro-Kopf-Einkommen (Betrag, in DM) [m] | 0 | 31250 | 2032,64 | 2056,40 |
| 24 | Pro-Kopf-Einkommen (gruppiert) [o] | 1 | 7 | 4,20 | 1,953 |
| 25 | Reales HH-Nettoeinkommen (gruppiert) [o] | 1 | 9 | 5,08 | 1,442 |
| 26 | Reales pers. Nettoeinkommen (gruppiert) [o] | 0 | 9 | 2,12 | 1,457 |
| 27 | Reales Pro-Kopf-Einkommen (Betrag, in DM) [m] | 0 | 23764,26 | 1787,73 | 1965,721 |
| 28 | Logarithmiertes Pro-Kopf-Einkommen (Betrag, in logDM) [m] | 1,85 | 4,49 | 3,2860 | 0,268 |

*Tab. 9: Deskriptive Statistiken der verfügbaren und nutzbaren Variablen.*

## 5.3 Schätzungen und statistisch-ökonometrische Beurteilung der Ergebnisse

Aus einer anwendungsorientierten Perspektive wurden in Kapitel 5.1.3 zwei alternative ökonometrische Modellansätze für binäre Wahlhandlungen zur Analyse von Paneldaten herausgearbeitet: Das Fixed-Effects-Logit-Modell und das Random-Effects-Probit-Modell. Weiter wurde bereits im methodischen Teil dieser Arbeit auf die generelle Überlegenheit von Random-Effects- gegenüber Fixed-Effects-Ansätzen eingegangen.[232] Auch Maddala (1987) weist zusammenfassend darauf hin, dass die Schätzung eines Random-Effects-Modells insgesamt vorteilhafter erscheint, da es alle Beobachtungen berücksichtigt und flexibler ist.[233] Innerhalb dieses Modellrahmens erweist sich die Random-Effects-Probit-Schätzung als die überlegene.

Eine empirische Überprüfung dieser These im Rahmen der vorliegenden Arbeit bestätigt, dass die Anwendung der Fixed-Effects-Logit-Modellierung Probleme bereitet. So kann gezeigt werden, dass bei der bedingten ML-Schätzung des Fixed-Effects-Logit-Modells ein großer Teil des Datensatzes aus der Analyse eliminiert wird. Bei den hier durchgeführten Untersuchungen sind dies diejenigen Individuen, die während des Beobachtungszeitraumes ihren Zustand (Kind: ja / nein bzw. Erwerbstätigkeit: ja / nein) nicht geändert haben.[234] Aus den genannten anwendungsorientierten Gründen steht das *Random-Effects-Probit-Modell* im Zentrum der nun folgenden ökonometrischen Analyse. Die Schätzungen wurden durchweg mit dem statistisch-ökonometrischen Computerprogramm Stata / SE 8.0 durchgeführt.

Zum Vergleich und zur Überprüfung der Robustheit der Ergebnisse dienen Probit-Schätzungen im Querschnitt für die einzelnen Erhebungsjahre sowie eine gepoolte Probit-Schätzung (Classical-Pooling).[235] Diese Schätzungen haben lediglich illustrativen Charakter. Ein von Stata ausgewiesener Likelihood-Ratio-

---

[232] Vgl. S. 99 dieser Arbeit.
[233] Vgl. Maddala, G.S. (1987), S. 335.
[234] Vgl. S. 100 dieser Arbeit.
[235] Bei Vorliegen von Querschnittsdaten führen Logit- und Probit-Ansätze zu ähnlichen Ergebnissen (vgl. Greene, W. (2003), S 675 f.). Aus Gründen der Einheitlichkeit und besseren Vergleichbarkeit mit den Ergebnissen der Paneldatenschätzungen beschränkt sich die Querschnittsdatenanalyse hier auf das Probit-Modell.

Test (LR-Test) spricht nämlich für die Überlegenheit der Random-Effects-Modelle gegenüber den Classical-Pooling-Schätzungen.[236]

Gemäß den Ausführungen im Abschnitt über die Variablenauswahl sind die Effekte der erklärenden Variablen aus Tabelle 8 auf die Fertilitätsentscheidung und die Entscheidung über die Erwerbstätigkeit jeweils für die drei Probit-Modelle, ein Classical-Pooling-Modell (CP-Probit-Modell) und ein Random-Effects-Probit-Modell (RE-Probit-Modell) zu schätzen:

(5.37) Probit: $Y_i = \alpha + \boldsymbol{\beta}'\mathbf{X}_i + \varepsilon_i$, wobei $i = 1, \ldots, N$ und $t = 1, \ldots, T$

(5.38) CP-Probit-Modell: $Y_{it} = \alpha + \boldsymbol{\beta}'\mathbf{X}_{it} + \varepsilon_{it}$

(5.39) RE-Probit-Modell: $Y_{it} = \alpha_i + \boldsymbol{\beta}'\mathbf{X}_{it} + \nu_{it}$

Der Vektor **X** enthält die erklärenden Variablen, die Regressionskoeffizienten $\beta$ geben den Effekt des zugehörigen Regressors auf die zu erklärende Variable Y an. Für letztgenannte gilt:

(5.40) Fertilitätsmodell: $Y_{it} = \begin{cases} 1 & \text{falls die Frau i zum Zeitpunkt t Mutter ist} \\ 0 & \text{falls nicht} \end{cases}$

(5.41) Erwerbsmodell: $Y_{it} = \begin{cases} 1 & \text{falls die Frau i zum Zeitpunkt t erwerbstätig ist} \\ 0 & \text{falls nicht} \end{cases}$

Aus (5.37) bis (5.41) ergeben sich folgende Kombinationen an alternativen Schätzmodellen:

[236] Dieser LR-Test vergleicht den gepoolten Probit-Schätzer mit dem Panelschätzer, indem er auf $\rho = 0$ testet. Dabei bezeichnet $\rho$ den Anteil der Panelvarianzkomponente an der Gesamtvarianz. Wenn $\rho$ gleich Null ist, ist der Anteil der Panelvarianzkomponente unbedeutend und der Panelschätzer unterscheidet sich nicht signifikant von dem gepoolten Schätzer. Vgl. hierzu Stata Press (2003 a), S. 176. In allen Fällen führte der LR-Test zur Ablehnung der Nullhypothese. Es kann folglich davon ausgegangen werden, dass $\rho$ ungleich Null ist und sich der Panelschätzer signifikant vom gepoolten Schätzer unterscheidet, weshalb ersterer zu verwenden ist.

| | (5.27) CP | (5.28) Probit 1988 | (5.28) Probit 1994 | (5.28) Probit 2000 | (5.29) RE-Probit |
|---|---|---|---|---|---|
| (5.30) Fertilitätsmodell | Kap. 5.3.1.1 | Kap. 5.3.1.2 | Kap. 5.3.1.3 | Kap. 5.3.1.4 | Kap. 5.3.1.5 |
| (5.31) Erwerbsmodell | Kap. 5.3.2.1 | Kap. 5.3.2.2 | Kap. 5.3.2.3 | Kap. 5.3.2.4 | Kap. 5.3.2.5 |

*Tab. 10: Alternative Schätzmodelle.*

Bevor in den Kapiteln 5.3.1 und 5.3.2 auf die Schätzergebnisse im Einzelnen eingegangen wird, bietet es sich an, auf die Besonderheiten von qualitativen Wahlhandlungsmodellen bzgl. der Überprüfung der Güte und der Modellannahmen hinzuweisen.

Das Programmpaket Stata 8.0 gibt für die Schätzungen (5.37) und (5.38) das *Bestimmtheitsmaß* Pseudo-$R^2$ aus, welches auf dem gleichen Konstruktionsprinzip wie das in Kapitel 5.1.2 dargestellte $R^2$ von McFadden beruht.[237]

Für Modelle wie (5.39) wird kein Pseudo-$R^2$ ausgewiesen. Dieses lässt sich allerdings über (5.22) berechnen, da $LL_u$ angegeben wird und $LL_r$ über die separate Schätzung eines restringierten Modells erhalten werden kann.

Der für Modelle (5.37) und (5.38) ausgewiesene Likelihood-Ratio-Test ist ebenfalls aus Kapitel 5.1.2 bekannt.[238] Er testet die Nullhypothese, dass keiner der Regressoren einen signifikanten Einfluss auf die abhängige Variable hat. Allerdings wird für die Panelschätzungen in (5.39) kein LR-Test, sondern ein $\chi^2$-verteilter Wald-Test als Modelltest angegeben.[239]

Auf eine explizite Überprüfung von Annahmen, wie sie an das klassische, multiple Regressionsmodell gestellt werden,[240] kann im Rahmen von qualitativen Wahlhandlungsmodellen verzichtet werden, da diese nicht mehr vorausgesetzt werden können. Als Folge nicht auszuschließender Multikollinearität zwischen den Variablen in Tabelle 8 wird aber die Ermittlung der *Signifikanz der einzel-*

---

[237] Vgl. Stata Press (2003 c), S. 421 und Formel (5.22).

[238] Vgl. Stata Press (2003 c), S. 422 und Stata Press (2003 b), S. 433, sowie Formel (5.20).

[239] $W = \frac{e_r^2 - e_u^2}{e_u^2/n} \sim \chi^2$-verteilt mit r Freiheitsgraden.

[240] Vgl. Fußnote 154.

*nen Regressionskoeffizienten*, wie sie in Kapitel 5.1.2 dargestellt wurde, erschwert. Die Schätzwerte können, was ihr Vorzeichen und ihre Größenordnung betrifft, unplausibel und die zugehörigen Standardfehler sehr groß sein. Eine Signifikanz der Regressionskoeffizienten lässt sich dann nur schwierig ermitteln. Der Gesamtzusammenhang kann statistisch gesichert sein, obwohl die einzelnen Regressionskoeffizienten als insignifikant ausgewiesen werden.[241] Folglich kann es passieren, dass man Variablen, die tatsächlich einen signifikanten Erklärungsbeitrag leisten, fälschlicherweise aus dem Modell entfernt. Um diesen Fehler zu vermeiden, wurde für jedes Modell aus Tabelle 10 ein händisches *stepwise-Verfahren* gewählt: In einem ersten Schritt gehen alle Variablen in das jeweilige Modell ein. Anschließend wurde schrittweise jeweils der zu einem - auf dem Niveau von 5 % - nicht-signifikanten Koeffizienten gehörige Regressor aus der Schätzung eliminiert. Enthält die Schätzung nur noch signifikante Koeffizienten, wird deren Stabilität geprüft. Hierfür werden wiederum schrittweise Regressoren in das Modell aufgenommen, wenn sich ihr Koeffizient auf dem 5 %-Niveau als signifikant erweist. Um abschließend für Korrelationen und Interaktionseffekte zwischen den erklärenden Größen zu kontrollieren, wurden für die Aufnahme der Regressoren verschiedene Reihenfolgen getestet. Im Ergebnis gehen nur die Regressoren in das Modell ein, deren aus der Normalverteilung errechneter p-value bei einem vorgegebenen Signifikanzniveau von 5 % kleiner als 0,05 ist.

### 5.3.1 Schätzungen für das Fertilitätsmodell

#### 5.3.1.1 Ergebnisse der Probit-Schätzungen für die einzelnen Jahre 1988-2000

Eine nach den einzelnen Panelwellen getrennte Probit-Analyse wird als erste Annäherung an die Ergebnisse der eigentlichen Paneldatenanalyse mittels des Classical-Poolings und des Random-Effects-Probit-Modells genutzt. Nur für das letztgenannte erfolgt eine ausführliche Interpretation der Ergebnisse. Der Erklärungsgehalt der Probit-Modelle für die einzelnen Jahre beträgt zwischen 34,9 % und 50,6 %. Absolut gesehen sind dies eher geringe Werte für das Bestimmtheitsmaß, geht man davon aus, dass Werte ab 50 % ein brauchbares Modell kennzeichnen. Vergleicht man sie allerdings mit den entsprechenden Werten anderer Untersuchungen, so liegen sie in einer akzeptablen Größenordnung. Zu

---

[241] Vgl. Eckey, H.-F. / Kosfeld, R. / Dreger, C. (2001), S. 88.

beachten ist, dass das Pseudo-$R^2$ nicht um die Anzahl der in das Modell aufgenommenen Regressoren korrigiert ist und sich deshalb nicht für Vergleiche eignet.[242]

Bereits oben wurde erwähnt, dass alle Variablen, die in den folgenden Tabellen zu finden sind, einen - auf dem 5 %-Signifikanzniveau - gegen Null gesicherten Beitrag zur Erklärung der Fertilität stiften. Die LR-Tests bestätigen dies, da die Nullhypothesen nicht gestützt werden. Dies ist gleichbedeutend mit der Signifikanz mindestens eines im Modell aufgenommenen Regressors. Im Gegensatz zum linearen Wahrscheinlichkeitsmodell geben die Regressionskoeffizienten im Probit-Modell aber nicht mehr unmittelbar die Effekte einer Veränderung einer erklärenden Variablen auf die Wahrscheinlichkeit an. Lediglich das Vorzeichen des Regressionskoeffizienten lässt sich als Richtung der Veränderung der Wahrscheinlichkeit, Mutter zu sein, interpretieren.

| Variable | Koeffizient 1988 | Koeffizient 1994 | Koeffizient 2000 |
|---|---|---|---|
| *Konstante* | -6,8200 | 1,4098 | 1,5600 |
| *Alter* | 0,4111 | 0,4395 | 0,2539 |
| *Alter*$^2$ | -0,0044 | -0,0045 | -0,0023 |
| *Familienstand* | 0,7700 | 0,6079 | - |
| *Anzahl der Verwandten* | 0,0823 | 0,0746 | 0,1088 |
| *Höchster Schulabschluss* | -0,2702 | - | -0,1841 |
| *Erwerbstätigkeit* | -0,7360 | -0,9466 | - |
| *Haushaltsnettoeinkommen* | -0,1225 | 0,3386 | 0,5848 |
| *persönl. Nettoeinkommen* | -0,1907 | - | -0,2909 |
| *Pro-Kopf-Einkommen (Betrag)* | 0,0002 | - | - |
| *Log. Pro-Kopf-Einkommen* | - | -1,6277 | -1,2801 |
| N | 996 | 1019 | 836 |
| LR (FG)<br>(p-value) | 456,11 (9)<br>(0,0000) | 272,77 (7)<br>(0,0000) | 180,94 (7)<br>(0,0000) |
| Pseudo-$R^2$ | 0,5064 | 0,4076 | 0,3490 |

*Tab. 11: Fertilität - Ergebnisse der Probit-Schätzungen für 1988, 1994 und 2000.*

242 Allein aufgrund der Tatsache, dass das Bestimmtheitsmaß mit steigender Anzahl der im Modell berücksichtigten Variablen niemals sinkt, ist das Pseudo-$R^2$ der Schätzung für das Jahr 1988 am größten.

Ausgehend von der Tatsache, dass das *Alter* der befragten Personen zu Beginn des Panels zwischen 18 und 55 Jahren lag, zeigt sich in allen Wellen, dass die Wahrscheinlichkeit, Kinder zu haben, mit zunehmendem Alter zunächst steigt und anschließend wieder sinkt. Einen positiven Einfluss auf die Fertilität haben weiter die Umstände, *verheiratet zu sein* und einen großen *Familienkreis* zu haben. Die Variable „*Familienstand*" ist in der Welle 2000 bei einer Irrtumswahrscheinlichkeit von 5 % nicht signifikant von Null verschieden.Wenn sie einen statistisch gesicherten Einfluss haben, wirken sich ein hoher *Schulabschluss* und eine *Erwerbstätigkeit* negativ aus. Die Wirkungsrichtung der *Einkommensgrößen* ist nicht eindeutig und nicht in allen Wellen signifikant.

#### 5.3.1.2 Ergebnisse der Classical-Pooling-Schätzung

Das Classical-Pooling beruht auf der Zusammenfassung der drei Datensätze 1988, 1994 und 2000 ohne Berücksichtigung der Panelstruktur. Der Gesamterklärungsgehalt des Classical-Pooling-Modells liegt mit 36 % auf ähnlich niedrigem Niveau wie die Probit-Schätzungen für die einzelnen Wellen. Auch der zur Erklärung der Fertilität relevante Variablenkranz unterscheidet sich von dem obigen kaum. Das Classical-Pooling-Modell umfasst sechs signifikante Regressoren. *Ältere Frauen*, solche die *verheiratet* sind und eine große *Verwandtschaft* haben, weisen eine vergleichsweise größere Wahrscheinlichkeit auf, Mutter zu sein. Über eine höhere *Bildung* zu verfügen und *erwerbstätig* zu sein, wirkt sich hingegen eher negativ auf diese Wahrscheinlichkeit aus.

| Variable | Koeffizient |
|---|---|
| *Konstante* | -5,7338 |
| *Alter* | 0,3089 |
| *Alter*$^2$ | -0,0032 |
| *Familienstand* | 0,8326 |
| *Anzahl der Verwandten* | 0,1112 |
| *Höchster Schulabschluss* | -0,2384 |
| *Erwerbstätigkeit* | -0,8509 |
| N | 3376 |
| LR (6) (p-value) | 902,46 (0,0000) |
| Pseudo-$R^2$ | 0,3609 |

*Tab. 12: Fertilität - Ergebnisse der Classical-Pooling-Schätzung.*

### 5.3.1.3 Ergebnisse der Random-Effects-Probit-Schätzung

Die nachfolgende Tabelle stellt die Ergebnisse der Random-Effects-Schätzung für das Probit-Modell zusammen. Das berechnete Pseudo-$R^2$ liegt über den Werten, die für die Probit-Modelle für die einzelnen Wellen und das Classical-Pooling erreicht werden konnten. Der Wert von 53,16 % weist auf eine brauchbare Schätzung hin. Der Wert für den Wald-Test führt zur Ablehnung der Nullhypothese. Damit kann davon ausgegangen werden, dass sich mindestens einer der Regressoren signifikant von Null unterscheidet. Die Variablen weisen die aus den beiden vorangegangenen Schätzungen zu erwartenden Vorzeichen auf und bestätigen die bereits dort gewonnenen Erkenntnisse.

| Variable | Koeffizient |
|---|---|
| *Konstante* | -25,5076 |
| *Alter* | 1,4948 |
| *Alter²* | -0,0147 |
| *Familienstand* | 3,2682 |
| *Anzahl der Verwandten* | 0,2634 |
| *Höchster Schulabschluss* | -1,3266 |
| *Erwerbstätigkeit* | -2,4521 |
| *Haushaltsnettoeinkommen* | 0,4100 |
| *persönl. Nettoeinkommen* | -1,2347 |
| N | 2695 |
| Wald (8)<br>(p-value) | 58,75<br>(0,0000) |
| Log Likelihood (unrestringiert) | -425,98488 |
| Log Likelihood (restringiert) | -909,40401 |
| Pseudo-$R^2$ | 0,5316 |

*Tab. 13: Fertilität - Ergebnisse der Random-Effects-Probit-Schätzung.*

Durch Einsetzen der Schätzwerte für die Koeffizienten der Altersvariablen in die Funktion $f\left(\text{Alter}, \text{Alter}^2\right) = \hat{\beta}_{\text{Alter}} \cdot \text{Alter} + \hat{\beta}_{\text{Alter}^2} \cdot \text{Alter}^2$ erkennt man, dass die Wahrscheinlichkeit, Kinder zu bekommen, bis zu einem *Alter* von 38 Jahren steigt und anschließend wieder abnimmt. Dieser Befund bestätigt, dass Frauen die Geburt ihres (ersten) Kindes in ein späteres Alter verschieben.

Aus dem positiven Vorzeichen der *Familienstands-Variablen* lässt sich schließen, dass verheiratete Frauen mit größerer Wahrscheinlichkeit Mutter sind als unverheiratete Frauen.

Ein größerer Kreis an Verwandten wirkt sich positiv auf die Fertilität aus. Dieser Befund kann zum einen als Indiz für das Vorliegen „historischer Fertilität" gedeutet werden. Frauen aus kinderreichen Familien tendieren dazu, selbst mehr Kinder in die Welt zu setzen. Zum anderen dient die Variable „*Anzahl der Verwandten*" als Proxy-Variable für potenzielle Betreuungsmöglichkeiten. Geht man davon aus, dass die Betreuung des eigenen Kindes bevorzugt vertrauten Personen übertragen wird, steigt dieser Personenkreis mit der Familiengröße an.

Der Koeffizientenschätzwert für die Variable „*Höchster Schulabschluss*" ist signifikant negativ, d.h. Frauen mit höherer Bildung haben eine geringere Wahrscheinlichkeit, Mutter zu sein. Dies ist ein Beweis für die in den deskriptiven Befunden aufgedeckte Bildungsabhängigkeit der Fertilität.

Diese Erkenntnis ist im Zusammenhang mit der *Erwerbstätigkeit* der Frau zu sehen, welche auch signifikant negativ auf die Fertilität wirkt. Darin liegt ein weiteres Indiz für den negativen Zusammenhang zwischen Fertilität und Erwerbstätigkeit als statistische Deskription für die Existenz der Vereinbarkeitsproblematik.

Der negative Effekt der Erwerbstätigkeit auf die Fertilität wird durch die Variable „*Persönliches Nettoeinkommen der Frau*" noch mal aufgegriffen. Je höher das persönliche Nettoeinkommen der Frau, desto weniger wahrscheinlich hat sie Kinder. Dabei ist davon auszugehen, dass das persönliche Einkommen der Frau hauptsächlich durch ihre eigene Erwerbsarbeit determiniert ist.

Im Gegensatz dazu weist der geschätzte Koeffizient des *Haushaltsnettoeinkommens* ein positives Vorzeichen auf. Ein hohes Einkommen des Haushalts erhöht die Wahrscheinlichkeit für Kinder. Auf den ersten Blick mag dieses Ergebnis paradox erscheinen, zeigen die beiden relevanten Einkommensgrößen doch gegensätzliche Wirkungsrichtungen. Dieser Konflikt löst sich aber auf, wenn man berücksichtigt, dass bei einer nicht-erwerbstätigen Frau das Haushaltseinkommen mit dem Einkommen des Partners deckungsgleich ist. Betrachtet man Kinder als „normale Güter", steigt die Nachfrage nach ihnen mit dem zur Verfügung stehenden Einkommen.

### 5.3.2 Schätzungen für das Erwerbstätigkeitsmodell

#### 5.3.2.1 Ergebnisse der Probit-Schätzungen für die einzelnen Jahre 1988-2000

Analog zum Vorgehen des vorangegangenen Kapitels steht auch am Anfang der Analyse der Determinanten der Erwerbstätigkeit eine Betrachtung der Schätzergebnisse für die einzelnen Panelwellen. Der Erklärungsgehalt der Probit-Modelle für die Jahre 1988, 1994 und 2000 liegt zwischen 41 % und 48 %. Obwohl diese Werte unterhalb von 50 % liegen, kann man dennoch mit der Güte der Modelle zufrieden sein, berücksichtigt man, dass Bestimmtheitsmaße bei qualitativen Wahlhandlungsmodellen ohnehin nur von verminderter Aussagekraft sind. Der LR-Test bestätigt für die Gesamtprüfung der Regressionskoeffizienten durchweg Signifikanz. Wiederum geben die Vorzeichen der geschätzten Regressionskoeffizienten Aufschluss über die Wirkungsrichtung der zugehörigen Determinanten auf die Erwerbstätigkeit.

| Variable | Koeffizient 1988 | Koeffizient 1994 | Koeffizient 2000 |
|---|---|---|---|
| *Konstante* | -2,3196 | -8,9198 | -6,8138 |
| *Alter* | - | 0,3350 | 0,2490 |
| *Alter*$^2$ | - | -0,0044 | -0,0034 |
| *Familienstand* | - | 0,6590 | 0,7941 |
| *Altersgruppe des jüngsten Kindes* | 0,2557 | 0,6043 | 0,3242 |
| *informelle Betreuungsstunden* | 0,0708 | - | - |
| *Haushaltsnettoeinkommen* | 0,1131 | - | - |
| *persönl. Nettoeinkommen* | 0,6921 | 0,6405 | 0,6931 |
| N | 831 | 795 | 823 |
| LR (FG)<br>(p-value) | 487,66 (4)<br>(0,0000) | 438,65 (5)<br>(0,0000) | 547,85 (4)<br>(0,0000) |
| Pseudo-$R^2$ | 0,4281 | 0,4102 | 0,4837 |

*Tab. 14: Erwerbstätigkeit - Ergebnisse der Probit-Schätzungen für 1988, 1994 und 2000.*

Außer der quadrierten Altersvariablen weisen alle Determinanten ein positives Vorzeichen auf. So haben ein zunehmendes *Alter* und der *Familienstatus* der

Ehe einen positiven Einfluss auf die Erwerbstätigkeit der Frau.[243] Auch höhere *Einkommenswerte* wirken sich förderlich auf die Erwerbstätigkeit aus.[244] Je älter das *jüngste im Haushalt lebende Kind* und je umfangreicher seine *außerhäusliche Betreuung*, desto wahrscheinlicher ist die Mutter erwerbstätig.[245]

### 5.3.2.2 Ergebnisse der Classical-Pooling-Schätzung

Die Ergebnisse der Classical-Pooling-Schätzung für die Erwerbstätigkeit sind in Tabelle 15 zusammengefasst:

| Variable | Koeffizient |
|---|---|
| *Konstante* | -6,1577 |
| *Alter* | 0,2229 |
| *Alter*$^2$ | -0,0030 |
| *Familienstand* | 0,5779 |
| *Kinderanzahl* | -0,1145 |
| *Altersgruppe des jüngsten Kindes* | 0,4423 |
| *informelle Betreuungsstunden* | 0,0449 |
| *persönl. Nettoeinkommen* | 0,6753 |
| N | 2496 |
| LR (7)<br>(p-value) | 1525,28<br>(0,0000) |
| Pseudo-$R^2$ | 0,4415 |

*Tab. 15: Erwerbstätigkeit - Ergebnisse der Classical-Pooling-Schätzung.*

Das Bestimmtheitsmaß Pseudo-$R^2$ nimmt den Wert 0,4415 an. Der Erklärungsgehalt der Schätzung liegt damit auf ähnlichem Niveau wie die Werte für die einzelnen Panelwellen. Auch die relevanten Variablen sind in ihrem Umfang und Vorzeichen sehr ähnlich. Ausnahmen bilden das Haushaltseinkommen, dessen Koeffizient sich im Classical-Pooling-Modell auf dem vorgegebenen Niveau

[243] Der Einfluss dieser beiden Variablen unterscheidet sich in der Schätzung für das Jahr 1988 statistisch nicht signifikant von Null.

[244] Das Haushaltsnettoeinkommen ist lediglich für die erste Welle auf dem 5 %-Niveau signifikant.

[245] Für die Jahre 1994 und 2000 weist die Variable „informelle Betreuungsstunden“ keinen statistisch gegen Null gesicherten Effekt auf.

als nicht signifikant erweist, und die Variable „*Kinderanzahl*". Diese hat ein negatives Vorzeichen. Mit steigender Kinderanzahl sinkt folglich die Wahrscheinlichkeit der Erwerbstätigkeit.

### 5.3.2.3 Ergebnisse der Random-Effects-Probit-Schätzung

Die Schätzung des Random-Effects-Probit-Modells für die Erwerbstätigkeit liefert Ergebnisse, die sich mit den Erkenntnissen aus den beiden vorangegangenen Schätzansätzen decken. Das berechnete Pseudo-$R^2$ weist allerdings mit einem Wert von 0,5826 eine bessere Modellgüte aus. Acht Determinanten erweisen sich als signifikant von Null verschieden, was durch den Wald-Test bestätigt wird.

| **Variable** | **Koeffizient** |
|---|---|
| *Konstante* | -8,0344 |
| *Alter* | 0,2823 |
| *Alter²* | -0,0039 |
| *Familienstand* | 0,5254 |
| *Kinderanzahl* | -0,1506 |
| *Altersgruppe des jüngsten Kindes* | 0,5925 |
| *informelle Betreuungsstunden* | 0,0542 |
| *Haushaltsnettoeinkommen* | 0,0982 |
| *persönl. Nettoeinkommen* | 0,8290 |
| N | 2340 |
| Wald (8)<br>(p-value) | 318,08<br>(0,0000) |
| Log Likelihood (unrestringiert) | -891,33183 |
| Log Likelihood (restringiert) | -2135,6561 |
| Pseudo-$R^2$ | 0,5826 |

*Tab. 16: Erwerbstätigkeit - Ergebnisse der Random-Effects-Probit-Schätzung.*

Setzt man die Schätzwerte für die Koeffizienten der Altersvariablen in die Funktion $f(\text{Alter}, \text{Alter}^2) = \hat{\beta}_{\text{Alter}} \cdot \text{Alter} + \hat{\beta}_{\text{Alter}^2} \cdot \text{Alter}^2$ ein, zeigt sich, dass für Frauen bis zu einem *Alter* von 36 Jahren die Wahrscheinlichkeit, erwerbstätig zu sein, mit jedem Jahr zunimmt, um anschließend wieder zu fallen. Dieser Befund steht im Einklang mit den deskriptiven Analysen der altersspezifischen Erwerbstätigenquoten, die die höchste aktive Erwerbstätigkeit für Frauen Mitte Dreißig aufzeigen.[246]

*Ehefrauen* haben eine größere Wahrscheinlichkeit erwerbstätig zu sein als ledige Frauen. Dieses Ergebnis verwundert auf den ersten Blick. Plausibel wird es, wenn man sich vor Augen führt, dass seit der Wiedervereinigung das Allein-Ernährer-Modell des Mannes an Relevanz verloren und das Doppel-Ernährer-Modell einen Bedeutungsgewinn erfahren hat.[247]

Mit steigender *Kinderanzahl* sinkt die Wahrscheinlichkeit, dass die Frau erwerbstätig ist. Dieses Resultat unterstreicht einerseits die Problematik, Beruf und Familie zu vereinbaren, und andererseits verdeutlicht es den damit einhergehenden Zielkonflikt, dem sich Mütter gegenüber sehen.

Dieser Zielkonflikt wird auch im positiven Vorzeichen der Variable *„Altersgruppe des jüngsten Kindes“* deutlich. Mit steigendem Alter des Kindes wird eine Betreuung desselben immer weniger notwendig. Somit öffnen sich für die Mutter Möglichkeiten, einer Erwerbstätigkeit nachzugehen.

Auch das Vorhandensein von Betreuungseinrichtungen ermöglicht eine Erwerbstätigkeit der Mutter. Während sich die Variable „Stunden in institutioneller Betreuung“ als nicht-signifikant erweist, zeigt die Variable *„informelle Betreuungsstunden“* ein positives Vorzeichen. Diese Determinante umfasst die Stunden pro Woche, die das Kind von Geschwistern, Großeltern oder einer Tagesmutter betreut wird und fördert die Erwerbstätigkeit der Mutter.[248]

Die positiven Vorzeichen weisen darauf hin, dass mit steigendem *Haushaltsnettoeinkommen* und steigendem *persönlichen Nettoeinkommen der Frau*, diese mit größerer Wahrscheinlichkeit erwerbstätig ist. Gerade beim persönlichen Einkommen der Frau ist einschränkend zu beachten, dass es sich womöglich um eine beidseitige Wirkungsrichtung handelt. Ist das persönliche Einkommen der Frau zum Großteil durch ihr Erwerbseinkommen determiniert, ist davon auszu-

---

[246] Vgl. Abbildungen 22-24 dieser Arbeit.
[247] Vgl. Abbildung 30 dieser Arbeit.
[248] Darin unterscheidet sie sich von der Variable „institutionelle Betreuungsstunden“, die die Stunden pro Woche misst, die das Kind in öffentlichen oder privaten Betreuungsinstitutionen (Kinderkrippe, Kindergarten usw.) verbringt.

gehen, dass mit der Höhe des persönlichen Einkommens der Frau ihre Opportunitätskosten bei Nicht-Erwerbstätigkeit steigen. Aus diesem Grunde unterstützt einerseits ein hohes persönliches Einkommen die Erwerbstätigkeit. Andererseits wird das persönliche Einkommen gerade über die Erwerbstätigkeit erzielt, weshalb von einer bilateralen Abhängigkeit zwischen „persönlichem Nettoeinkommen“ und „Erwerbstätigkeit“ auszugehen ist.

### 5.3.3 Ergebnisse einer Zusatzuntersuchung für das Jahr 2000

Aufgrund der Datenstruktur konnten für die Analysen auf Basis der Panelerhebung nur die Variablen berücksichtigt werden, die in allen drei Wellen erhoben wurden. Potentielle Determinanten, die nur für ein Jahr vorliegen, mussten außer Acht bleiben. Gerade für das aktuellste Jahr 2000 wurden aber Daten erhoben, die für die Fragestellung interessant sind. Beispielsweise wurde der Zustimmungsgrad[249] zu folgenden Aussagen erfragt:

- Kinder sind gut, um jemandem zu haben, der einem im Alter hilft.
- Kinder sind eine finanzielle Belastung, die den Lebensstandard einschränken.
- Kinder im Haushalt zu haben und aufwachsen zu sehen, macht Spaß.
- Kinder zu haben bedeutet, dass auch Väter Familienaufgaben verbindlich übernehmen müssen.
- Wenn Frauen berufliche Karriere machen wollen, sollten sie auf Kinder verzichten.

Der Zustimmungsgrad zu Aussagen wie diesen lässt Rückschlüsse auf die Einstellungen der Frauen zu und deren Motivationsfaktoren, Kinder in die Welt zu setzen. Deshalb wurden in einer Querschnittsanalyse für das Jahr 2000 auf Basis eines erweiterten Datensatzes die Determinanten der Fertilitäts- und Erwerbstätigkeitsentscheidung herausgefiltert. Die Ergebnisse dieser Probit-Analysen finden sich in den beiden nachfolgenden Tabellen 17 und 18:

---

[249] Es handelt sich hierbei um ordinalskalierte Variablen mit Ausprägungen von 1 (stimme überhaupt nicht zu) bis 4 (stimme voll und ganz zu).

| Variable | Koeffizient |
|---|---|
| *Konstante* | -4,4836 |
| *Alter* | 0,2603 |
| *Alter²* | -0,0024 |
| *Familienstand* | 0,5204 |
| *Anzahl der Verwandten* | 0,1082 |
| *Höchster Schulabschluss* | -0,1132 |
| *Erwerbstätigkeit* | -0,7062 |
| *Haushaltsnettoeinkommen* | 0,0006 |
| ***Zustimmungsgrad Aussage: Kinder sind finanzielle Belastung*** | **-0,1193** |
| ***Zustimmungsgrad Aussage: Karrierefrauen sollten auf Kinder verzichten*** | **-0,0971** |
| ***Akademikerin*** | **-0,2182** |
| ***Einschätzung finanzielle Lage*** | **-0,2767** |
| N | 4232 |
| LR (12) (p-value) | 2509,07 (0,0000) |
| Pseudo-$R^2$ | 0,5236 |

*Tab. 17: Fertilität - Ergebnisse der Probit-Schätzung auf Basis eines erweiterten Datensatzes für das Jahr 2000.*

Die Güte der Schätzung ist mit einem Pseudo-$R^2$ von 52,36 % als zufrieden stellend einzustufen. Der berechnete Wert für den LR-Test führt zur Ablehnung der Nullhypothese, dass alle Regressionskoeffizienten gleich Null sind. Da auch dieses Modell auf dem zuvor beschriebenen stepwise-Verfahren für die Variablenselektion beruht, kann davon ausgegangen werden, dass von allen oben aufgeführten Variablen ein signifikanter Erklärungsgehalt auf die Fertilitätsentscheidung ausgeht.

Auf die Interpretation der Variablen, die bereits in den Panelanalysen der vorangegangenen Kapitel enthalten sind und deren Vorzeichen hier bestätigt werden konnte, soll nicht weiter eingegangen werden. Die Interpretation beschränkt sich vielmehr auf die Determinanten, die neu in das Modell aufgenommen werden konnten. In Tabelle 17 sind diese durch Fettdruck hervorgehoben. Die negativen Vorzeichen dieser Variablen lassen sich wie folgt interpretieren:

Je deutlicher eine Frau der Aussage zustimmt, dass *Kinder eine finanzielle Belastung* sind, desto unwahrscheinlicher ist, dass sie selbst welche hat.

Ist eine Frau der Meinung, dass *Beruf und Familie nur schwer vereinbar* sind und deshalb Frauen, die berufliche Karriere machen wollen, lieber auf Kinder verzichten sollten, hat sie selbst eine geringere Wahrscheinlichkeit Mutter zu sein.

Dass *Akademikerinnen* häufiger kinderlos sind, wird durch den negativen Koeffizienten der entsprechenden Variablen bestätigt.

Je besser Frauen ihre eigene *finanzielle Lage* einschätzen, desto unwahrscheinlicher sind sie Mütter.

Wie aus nachfolgender Tabelle ersichtlich, ist die Einschätzung der eigenen finanziellen Lage die einzige zusätzliche Variable, die sich im Probit-Modell für die Erwerbstätigkeit auf Basis des erweiterten Datensatzes für das Jahr 2000 als signifikant erweist. Ihr positives Vorzeichen deutet darauf hin, dass je besser eine Frau ihre finanzielle Lage einschätzt, desto wahrscheinlicher ist sie erwerbstätig. Dieses Resultat fußt auf einem Modell, welches einen Erklärungsgehalt von knapp 40 % aufweist.

| **Variable** | **Koeffizient** |
|---|---|
| *Konstante* | -5,6486 |
| *Alter* | 0,1979 |
| *Alter*$^2$ | -0,0028 |
| *Familienstand* | 0,4681 |
| *Kinderanzahl* | -0,0996 |
| *Altersgruppe des jüngsten Kindes* | 0,3705 |
| *Haushaltsnettoeinkommen* | 0,0004 |
| *persönl. Nettoeinkommen* | 0,0009 |
| ***Einschätzung finanzielle Lage*** | 0,2188 |
| N | 2930 |
| LR (8) (p-value) | 1589,00 (0,0000) |
| Pseudo-$R^2$ | 0,3949 |

*Tab. 18: Erwerbstätigkeit - Ergebnisse der Probit-Schätzung auf Basis eines erweiterten Datensatzes für das Jahr 2000.*

Die Erweiterung des Datensatzes brachte insbesondere hinsichtlich der Analyse der Fertilitätsentscheidung einige Resultate hervor, die über die Erkenntnisse aus den vorangegangenen Kapiteln hinausgehen. Die Haupterkenntnis der letzten Analysen besteht darin, dass neben soziodemografischen Merkmalen der Frauen (wie Alter und Familienstand) und ökonomischen Variablen (wie bspw. Einkommensgrößen) auch „weiche“ Faktoren, die Einstellungen und Werte der befragten Frauen widerspiegeln, eine Rolle bei deren Entscheidungsfindung spielen. Die Richtung des Einflusses der einzelnen Variablen auf die Fertilität und die Frauenerwerbstätigkeit, wie er in den vorangegangenen Probit-Analysen gefunden wurde, ist in den beiden folgenden Tabellen noch einmal tabellarisch zusammengefasst.[250]

| **FERTILITÄTSMODELL Variable** | **Probit 1988** | **Probit 1994** | **Probit 2000** | **Classical-Pooling** | **RE-Probit** | **Probit 2000 erweitert** |
|---|---|---|---|---|---|---|
| *Alter* | + | + | + | + | + | + |
| *Alter²* | - | - | - | - | - | - |
| *Familienstand* | + | + | n.s. | + | + | + |
| *Anzahl Verwandte* | + | + | + | + | + | + |
| *Höchster Schulabschluss* | - | n.s. | - | - | - | - |
| *Erwerbstätigkeit* | - | - | n.s. | - | - | - |
| *Akademikerin* | n.s. | n.s. | n.s. | n.s. | n.s. | - |
| *HH-Nettoeinkommen* | - | + | + | n.s. | + | + |
| *Persönliches Netto-einkommen* | - | n.s. | - | n.s. | - | n.s. |
| *Pro-Kopf-Einkommen* | + | n.s. | n.s. | n.s. | n.s. | n.s. |
| *Log(Pro-Kopf-Einkommen)* | n.s. | - | - | n.s. | n.s. | n.s. |
| *Einschätzung finanzielle Lage* | n.s. | n.s. | n.s. | n.s. | n.s. | - |
| *Aussage, Kinder sind finanz. Belastung* | n.s. | n.s. | n.s. | n.s. | n.s. | - |
| *Aussage, Karrierefrauen sollten auf Kinder verzichten* | n.s. | n.s. | n.s. | n.s. | n.s. | - |

*Tab. 19: Tabellarische Übersicht der Determinanten der Fertilitätsmodelle.*

[250] Die Angabe „n.s.“ bezeichnet nicht signifikante Variablen.

| ERWERBSTÄTIGKEITS-MODELL Variable | Probit 1988 | Probit 1994 | Probit 2000 | Classical-Pooling | RE-Probit | Probit 2000 erweitert |
|---|---|---|---|---|---|---|
| *Alter* | n.s. | + | + | + | + | + |
| *Alter²* | n.s. | - | - | - | - | - |
| *Familienstand* | n.s. | + | + | + | + | + |
| *Kinderanzahl* | n.s. | n.s. | n.s. | - | - | - |
| *Altersgruppe des jüngsten Kindes* | + | + | + | + | + | + |
| *Informelle Betreuungsstunden* | + | n.s. | n.s. | + | + | n.s. |
| *HH-Nettoeinkommen* | + | n.s. | n.s. | n.s. | + | + |
| *Persönliches Nettoeinkommen* | + | + | + | + | + | + |
| *Einschätzung finanzielle Lage* | n.s. | n.s. | n.s. | n.s. | n.s. | + |

*Tab. 20: Tabellarische Übersicht der Determinanten der Erwerbstätigkeitsmodelle.*

## 5.4 Zusammenfassung der Ergebnisse und deren Implikationen

Im theoretischen Teil der vorliegenden Arbeit wurde gezeigt, dass sich aus der ökonomischen Theorie allein keine eindeutigen Hinweise ableiten lassen, wie das Fertilitätsverhalten und die Erwerbsbeteiligung von Frauen auf sich verändernde (ökonomische) Rahmenbedingungen reagieren. Aufgrund dieser Unzulänglichkeit erfolgte in den Kapiteln vier und fünf eine empirische Herangehensweise an die Fragestellung, welche Determinanten die Fertilität und die Erwerbstätigkeit von Frauen beeinflussen. In einem ersten Schritt konnten mittels deskriptiver Analysen Befunde herausgearbeitet werden, die die Sonderstellung Deutschlands im europäischen Vergleich unterstreichen:

- Deutschland ist das Land, in dem die Bevölkerungsschrumpfung infolge der niedrigen Geburtenrate am frühesten begann. Die Abnahme der Bevölkerung setzte in den alten Bundesländern ab 1972 und in der DDR ab 1969 ein.
- Die Geburtenrate liegt in Deutschland mit 1,3 bis 1,4 Kindern pro Frau zwar ähnlich niedrig wie in Spanien und Italien, aber der Grund für das niedrige Niveau hierzulande ist ein besonderer: Der Anteil der Frauen an einem Jahrgang, der zeitlebens kinderlos bleibt, ist mit rund einem Drittel weltweit einmalig hoch.

- Gerade unter den gut ausgebildeten Frauen ist die Kinderlosigkeit besonders hoch.
- Deutschland weist im europäischen Ländervergleich die größte Differenz in der Beschäftigungsquote von Frauen mit und ohne Kinder auf.
- In keinem anderen westeuropäischen Land ziehen sich Frauen mit zwei und mehr Kindern derart häufig aus dem Erwerbsleben zurück.[251]
- Das Problem deutscher Frauen, Beruf und Familie miteinander zu vereinbaren, wird statistisch durch einen negativen Wert für den Korrelationskoeffizienten zwischen der Geburtenrate und der Frauenerwerbstätigkeit unterstrichen.

Um diesen Problemen ursachenadäquat begegnen zu können, wurden in einem zweiten Schritt ökonometrische Modelle zur Analyse der Determinanten der Fertilität und Erwerbstätigkeit von Frauen aufgestellt. Aus den resultierenden Ergebnissen lassen sich drei Gruppen von Bestimmungsfaktoren ableiten:

1. *Soziodemografische Merkmale*: wie das Alter der Frau, ihr Familienstand, die Familiengröße, die Anzahl und das Alter ihrer Kinder
2. *Ökonomische Faktoren*: wie Einkommensgrößen, Bildungsstand der Frau, ihre Erwerbstätigkeit sowie Betreuungsmöglichkeiten
3. *Einstellungsvariablen:* wie bspw. zu Kindern und Karriere sowie zur persönlichen finanziellen Situation.

Die Ergebnisse zeigen, dass weder die Geburtenrate noch die Frauenerwerbstätigkeit gezielt direkt beeinflusst werden können. Die soziodemografischen Faktoren sind wirtschaftspolitisch nicht steuerbar. Auch das ökonomische Argument ist widerlegt, da es gerade die wirtschaftlich Schwachen sind, die viele Kinder haben.[252] Vielmehr sprechen die Resultate dafür, die gesellschaftlichen Umfeldbedingungen zu verbessern. Weil die Erklärungsmuster nicht monokausal sind, müssen viele einzelne Bausteine innerhalb eines ganzheitlichen Konzeptes aus Familien-, Sozial- und Arbeitsmarktpolitik neue Rahmenbedingungen für Familien setzen.
Bislang orientieren sich familienpolitische Maßnahmen zu stark am Alleinverdiener-Modell des Mannes. Wie empirisch gezeigt werden konnte,[253] wurde dieses mittlerweile durch den Wandel in der Erwerbstätigkeit der Frauen vom Familienbild der „modernisierten Versorgerehe“ abgelöst.

---

[251] Vgl. auch Kröhnert, S. / van Olst, N. / Klingholz, R. (2005), S. 10.
[252] Vgl. Miegel, M. (2005), S. 10.
[253] Vgl. Abbildung 30 in dieser Arbeit.

Politische Entscheidungsträger sollten sich deshalb am Leitbild einer offenen Familienpolitik mit dem Grundsatz der Vereinbarkeit von Beruf und Familie orientieren. Empfehlenswert wäre es, institutionelle Rahmenbedingungen im Hinblick auf die familiäre Arbeitsteilung so neutral wie möglich zu halten. Dies überließe den Paaren eine freie und informierte Entscheidung über die gewünschte Anzahl ihrer Kinder und den Umfang der von ihnen angebotenen Arbeitsstunden. In diesem Zusammenhang sollte darüber nachgedacht werden, die finanziellen Privilegien der Institution Ehe und die damit verbundene (in)direkte Förderung des Rückzugs der Frauen aus dem Arbeitsmarkt abzuschaffen. Staatliche Leistungen sollten unabhängig vom Familienstand gewährt werden.

Im Rahmen des Konzeptes einer offenen Familienpolitik kommt auch dem Ausbau des Betreuungssystems eine tragende Rolle zu. Finanziert werden könnte das Gesamtkonzept durch eine gezielte Umverteilung vom jetzigen transferorientierten System zu mehr Aufwendungen für die Betreuungsinfrastruktur. Die deutsche Gesellschaft investiert zwar in Familienfreundlichkeit, tut dies aber offensichtlich an der falschen Stelle. Bisher wurde der Schwerpunkt statt auf Infrastruktur auf Geldleistungen gelegt, die direkt in die Familien fließen. Das Institut für Weltwirtschaft in Kiel veranschlagt 165,7 Milliarden Euro als Gesamtbetrag an familienpolitischen Leistungen des Staates für das Jahr 2001, was einem Anteil am Bruttoinlandsprodukt von 8 % entspricht.[254] Rund 62 % dieser 165,7 Milliarden beziehen sich auf Geldleistungen, lediglich 38 % sind Kosten, die Dienstleistungen zuzurechnen sind. Im europäischen Vergleich zahlt Deutschland nach Luxemburg das höchste Kindergeld.[255] Frankreich gibt pro Kopf der Bevölkerung weniger Geld zur Förderung von Kindern und Familien aus als Deutschland und hat (trotzdem) die zweithöchste Geburtenrate Europas.[256] Auch in den Niederlanden und Finnland sind die Ausgaben geringer, aber die Geburtenrate ist dort höher als hierzulande.[257] Die Ursache liegt darin, dass die familienbezogenen Sozialausgaben in Deutschland (Fehl-)Anreize für Frauen setzen, sich bei der Geburt eines Kindes ganz oder teilweise aus dem Erwerbsleben zurückzuziehen und möglichst lange zu pausieren. Die Erziehungszeit in Deutschland gehört mit 36 Monaten zu den längsten des Kontinents.
Aber auch eine alleinige Konzentration der Familienpolitik auf den Ausbau der Kinderbetreuung greift zu kurz. Empirische Überprüfungen[258] zeigen, dass die-

---

[254] Vgl. Dickmann, N. / Flüter-Hoffmann, C. / Peter, W. / Seyda, S. (2004), S. 22.
[255] Vgl. Kröhnert, S. / van Olst, N. / Klingholz, R. (2005), S. 17.
[256] Bspw. erhalten die Franzosen Kindergeld erst ab dem zweiten Kind.
[257] Vgl. Tabelle 1 der vorliegenden Arbeit.
[258] Wie bspw. die von Kröhnert, S. / van Olst, N. / Klingholz, R. (2005).

ses scheinbare Patentrezept ebenso wenig funktioniert wie vergleichbare Einfach-Formeln in anderen Politikfeldern. Familien müssen wirtschaftlich und vor allem gesellschaftlich besser gestellt werden und das zielgerichteter und effizienter als bisher. Im nächsten Kapitel findet sich hierzu ein aus den empirischen Analysen abgeleiteter Vorschlag zu den Eckpunkten einer neuen Familienpolitik.

# 6 ECKPUNKTE EINER FAMILIENPOLITIK

## 6.1 Rechtfertigung familienpolitischer Maßnahmen

Versteht man unter dem Begriff „*Familie*“ das Zusammentreffen von Menschen verschiedener Generationen, die wechselseitig füreinander Verantwortung tragen, dann übernehmen Familien wichtige Aufgaben für den Erhalt der Gesellschaft und des Wirtschaftssystems. Im Wesentlichen sind dies die Reproduktions-, die Sozialisations-, die Altersvorsorge- und die Haushaltsfunktion.[259] Mittels der *Reproduktionsfunktion* sorgt die Familie für den zahlenmäßigen Erhalt der Bevölkerung und damit auch für die zukünftigen Arbeitskräfte. Durch die *Sozialisationsfunktion* der Familie werden Werte und Normen unserer Gesellschaft vermittelt. Die Weitergabe sozialer und fachlicher Kompetenz an die Kinder verursacht positive externe Effekte für die Gesellschaft. Die *Altersvorsorgefunktion* betont die Bedeutung der Familie innerhalb einer Drei-Generationen-Beziehung. Hierzu gehören zum einen die sozialen Kontakte, die sich mit zunehmendem Alter auf die Familie konzentrieren. Zum anderen bezieht sich die Altersvorsorgefunktion auf die Ausgestaltung des Rentensystems. Individuell betrachtet ist die Familie im derzeitigen Umlageverfahren scheinbar verzichtbar, da Rentenansprüche, unabhängig von der eigenen Kinderanzahl, durch die Zahlung von Beiträgen an die gesetzliche Rentenversicherung erworben werden.[260] Volkswirtschaftlich betrachtet sind die Kinder als zukünftige Beitragszahler im Umlageverfahren jedoch keineswegs verzichtbar, weil sie mit ihren Beiträgen die Rentenzahlungen für die vorangegangenen Generationen bestreiten müssen. Indem die Befriedigung menschlicher Grundbedürfnisse nach Nahrung, Wohnung und Kleidung sichergestellt werden, stellt die *Haushaltsfunktion* einen Rahmen bereit, in welchem die Familie ihre anderen Funktionen erst erfüllen kann.

Aus den Aufgaben der Familien für die Gesellschaft begründen sich staatliche Maßnahmen, um die Familien in der Wahrnehmung dieser zu unterstützen. Zwar ist die Entscheidung für eine Familie eine rein private, der Handlungsspielraum, in dem diese Entscheidung getroffen wird, ist aber von äußeren Rahmenbedingungen beeinflusst. Denn bereits ohne spezielle familienpolitischen Maßnahmen schafft der Staat mittels der Ausgestaltung der Sozial- und Steuersysteme Bedingungen, innerhalb derer sich Paare für oder gegen Kinder entscheiden.

[259] Vgl. Hülskamp, N. / Seyda, S. (2004), S. 9 ff.
[260] Dieser Konstruktionsfehler droht das bestehende Rentensystem zu Fall zu bringen, da die nachwachsenden Generationen deutlich kleiner sind als die Elterngenerationen.

Rückwirkend hat die Entscheidung dieser Paare über die Anzahl ihrer Kinder auch Einfluss auf die Gesellschaft: Die Kinder von heute sind die Bürger, Erwerbstätigen und Rentenzahler von morgen. Daraus leitet sich die staatliche Verpflichtung ab, im Sinne einer nachhaltigen Politik die gesellschaftlichen Rahmenbedingungen familienfreundlich zu gestalten. Bevor familienpolitische Maßnahmen aber greifen können, gilt es, den gesamtgesellschaftlichen Stellenwert von Familien mit Kindern heraus zu stellen und bewusst zu machen.

Will man der in dieser Arbeit aufgezeigten Vereinbarkeitsproblematik zwischen Beruf und Familie in Deutschland ursachenadäquat entgegentreten, brauchen wir ein *familienpolitisches Leitbild.* In den Köpfen der Bevölkerung muss ein Mentalitätswandel derart stattfinden, dass Familien mit Kindern in der Gesellschaft wieder anerkannt werden. Bislang gelten Kinder vor allem als Problem – als Problem des Zeitmanagements, der Betreuung, der Erziehung und des Geldes. Es ist an der Zeit, deutlich zu machen, dass Kinder nicht nur eine individuelle Bereicherung, sondern auch als ein Teil der Gesellschaft von dieser erwünscht ist. Die Entscheidung für Kinder ist immer auch eine Entscheidung für die Gesellschaft und ein Zeichen von Vertrauen in die Zukunft. Deshalb muss am Anfang aller familienpolitischen Maßnahmen die Vision einer *familienfreundlichen Gesellschaft* stehen, in der frei gewählte Kinderlosigkeit weitgehend verschwindet, in der Mütter und Väter keine Karrierenachteile hinnehmen müssen, in der Kinder nicht arm machen und Personalchefs nicht heimlich die Wahrscheinlichkeit kalkulieren, mit der eine junge Bewerberin „Mutter zu werden droht".[261] Es gilt, einerseits die Mutter als vollständiges Mitglied der Gesellschaft zu respektieren als auch andererseits arbeitende Mütter zu akzeptieren und nicht als „Rabenmütter" zu degradieren. Diese Mentalitäten sind schwerer zu verändern, als ein Gesetz zur Förderung der Familienfreundlichkeit zu schreiben. Doch erst wenn die Bevölkerung die Rolle von Familien für die Gesellschaft wiederentdeckt, können familienpolitische Maßnahmen, wie sie im Folgenden vorgestellt werden, ihre beabsichtigte Wirkung entfalten.

Ziel dieser Familienpolitik im Rahmen der sozialen Marktwirtschaft ist die Absicherung allgemeiner existentieller Risiken und die Beseitigung von Fehlanreizen und Marktunvollkommenheiten, die die Familien bei der Wahrnehmung ihrer Aufgaben behindern. Die externen Nutzen, die Kinder für die Gesellschaft erzeugen, werden mittels einer gezielten Förderung internalisiert. Da den Paaren eine freie Entscheidung über die gewünschte Anzahl ihrer Kinder überlassen werden soll, müssen die politischen Rahmenbedingungen möglichst neutral aus-

[261] Vgl. Pfeiffer, U. / Afheldt, H. / Föhr, H. / Harant, S. / Oesterdiekhoff, P. (2003), S. 15 f.

gestaltet sein. Im Folgenden stehen die Ausgestaltung des Renten-, Pflege- und Gesundheitssystems, der Steuergesetzgebung, der Elternschutzgesetze, der Kinderbetreuung und der kindbezogenen Transfers sowie die Berücksichtigung familienpolitischer Aspekte betrieblicher Personalpolitik im Zentrum der Betrachtung.

## 6.2 Renten-, Pflege- und Gesundheitssystem

Die deutschen Sozialversicherungssysteme basieren auf dem Umlageverfahren. Beim Umlageverfahren werden die laufenden Ausgaben durch die laufenden Einnahmen aus Sozialbeiträgen und/oder Steuern finanziert. Kapitalbildung findet in der Regel nicht statt. Damit die Beiträge konstant bleiben können, setzt das bestehende deutsche Sozialversicherungssystem darauf, dass die nachwachsende Generation mindestens genauso groß und produktiv ist wie die Elterngeneration.

Wie bereits oben erwähnt, entfällt durch die Ausgestaltung des *Rentensystems* - aus Sicht des Einzelnen - ein wichtiger Anreiz, Kinder zu bekommen. Die bestehende umlagefinanzierte Rentenversicherung benötigt für ihr Funktionieren aber mittelfristig eine nachwachsende Generation, obwohl die Leistungen von Eltern innerhalb des Systems keine systematische Berücksichtigung finden. Durch die seit Jahrzehnten niedrigen Geburtenraten wird das Verhältnis von Beitragszahlern zu Leistungsempfängern immer ungünstiger und damit die Finanzierbarkeit des Rentensystems in Frage gestellt. Vor diesem Hintergrund erscheint es aus heutiger Sicht sinnvoll, die Höhe der ausgezahlten Renten an die Kinderzahl zu koppeln.[262] Alle Arbeitnehmer würden während ihres Berufslebens in die Rentenversicherung einzahlen und damit die Renten ihrer Eltern sichern. Im Alter erhielten sie dann selbst Auszahlungen, die sich nicht nur an den eingezahlten Beiträgen orientieren, sondern auch an der eigenen Kinderzahl. Dieser Ansatz berücksichtigt die Leistungen der Kindererziehung für die Gesellschaft. Eltern bekämen dann eine höhere Rente als Kinderlose, welche durch privates Ansparen ihre abzusehende Versorgungslücke schließen müssten.

Auch in der *Pflegeversicherung* wird die demografische Entwicklung zu weiter sinkenden Einnahmen und steigenden Ausgaben führen. Nach übereinstimmenden Schätzungen wird die Zahl der Pflegebedürftigen von heute rund 2 Mio. bis 2040 auf mind. 3,5 Mio. zunehmen. Trotz Pflegeversicherung wird aber auch

[262] Vgl. Hülskamp, N. / Seyda, S. (2004), S. 41.

heute noch der überwiegende Teil der Pflege von der eigenen Familie erbracht. Da immer mehr Menschen dauerhaft kinderlos bleiben, werden sich die Kosten für die Pflege noch weiter erhöhen. Die Beitragssatzerhöhung für die meisten Versicherten ohne Kinder um 0,25 Prozentpunkte seit dem 1. Januar 2005 führte zwar zu Mehreinnahmen in Höhe von rund 700 Mio. Euro, doch diese reichten nicht aus, um für einen Budgetausgleich zu sorgen. Das Defizit in Höhe von rund 200 Mio. Euro führte zu einem weiteren Abschmelzen der Rücklagen auf nur noch 3,2 Mrd. Euro.[263] Um die wachsenden Defizite auszugleichen, müsste der Beitragssatz von 1,7 % auf über 3 % angehoben werden. Zur Stärkung der Nachhaltigkeit der Pflegeversicherung ist daher eine Anpassung des Finanzierungssystems an die sich ändernden demografischen Verhältnisse geboten. Die zukünftigen unvermeidlichen Mehrausgaben erfordern Neuregelungen auf der Einnahmenseite. Aus Gründen der Generationengerechtigkeit und der Begrenzung der Lohnzusatzkosten muss aber eine möglichst gleichmäßige Verteilung der finanziellen Belastungen auf alle Generationen erfolgen. Die „Rürup-Kommission“ hat dazu ein Konzept entwickelt, welches die Lasten aus dem demografischen Wandel gleichmäßiger verteilt und einseitige Belastungen der jüngeren Generationen vermeidet. Dabei leistet ein Ausgleichsbeitrag der Älteren einen Beitrag zur Finanzierung der Dynamisierung der Leistungen und schafft für die jüngeren Erwerbstätigen Freiräume, ein Pflegevorsorgesparen zu betreiben.[264]

Im Gegensatz zur gesetzlichen Renten- und Pflegeversicherung stehen die Probleme der *gesetzlichen Krankenversicherung* nur zum Teil mit einer dauerhaft zu

---

[263] Vgl. Sachverständigenrat zur Begutachtung der gesamtwirtschaftlichen Entwicklung (2005), S. 342.

[264] Der Vorschlag der Rürup-Kommission zur Modernisierung der Pflegeversicherung beinhaltet folgende Kernpunkte (vgl. Bundesministerium für Gesundheit und Soziale Sicherung (2003), S. 185 ff.):

1. Intergenerativer Lastenausgleich: Rentner sollen ab 2010 einen höheren Beitrag zur Pflegeversicherung leisten. Ihr eigenfinanzierter Gesamtbeitragssatz beliefe sich auf 2,6 % der Renten. 0,6 %-Punkte würde die Rentenversicherung tragen. Der von Arbeitnehmern und Arbeitgebern abzuführende Betrag könnte damit dauerhaft auf 1,7 % des versicherungspflichtigen Einkommens gehalten werden. Davon könnten 0,5 Prozentpunkte als zweckgebundener Vorsorgebeitrag angespart werden. Im Rentenalter könnte das angesparte Kapital den Versicherten dann als zusätzliche Leibrente ausgezahlt werden.
2. Dynamisierung der Leistungen: Ab dem Jahr 2005 sollten die Leistungen der sozialen Pflegeversicherung in jedem Jahr um die Höhe der Inflationsrate zuzüglich der Hälfte der realen Lohnsteigerung ansteigen. Das entspricht nach den Berechnungsgrundlagen der Kommission einer Leistungsanhebung von 2,25 % pro Jahr.
3. Die Kommission spricht sich schließlich für eine finanzielle Gleichstellung der ambulanten und stationären Pflege sowie personenbezogene, frei verfügbare Budgets und eine Leistungsausweitung für Demenzkranke aus.

geringen Kinderzahl im Zusammenhang. Im bestehenden Gesundheitssystem werden Familien dadurch begünstigt, dass Kinder und nicht erwerbstätige Ehepartner beitragsfrei mitversichert werden. Aus ordnungspolitischer Sicht ist gegen die kostenlose Versicherung der Kinder nichts einzuwenden. Die Mitversicherung des Partners ohne Erwerbseinkommen - zumeist die Frau - fördert aber das Alleinverdienermodell, weil die Unterstützung nicht am Vorhandensein von Kindern, sondern lediglich am Erwerbsstatus der Ehefrau ansetzt. Dies verzerrt die Entscheidung über die Partizipation am Arbeitsmarkt. Für eine höhere Erwerbsbeteiligung von Frauen sollte diese Befreiung gestrichen oder an andere Kriterien geknüpft werden.[265]

## 6.3 Steuergesetzgebung

Unter familienrelevanten Aspekten der Steuergesetzgebung ist in erster Linie die Einkommensteuer zu prüfen. Mit dem Urteil des Bundesverfassungsgerichts von 1982 besteht für Ehepaare grundsätzlich ein Wahlrecht zwischen der Individualbesteuerung oder dem Ehegattensplitting. Beim Ehegattensplitting wird das Einkommen beider Ehepartner zusammengezählt und halbiert. Auf das halbierte Einkommen wird der Steuertarif angewendet. Aus der Verdopplung des so ermittelten Steuerbetrages ergibt sich die Gesamtsteuersumme. Für die Ehepartner resultiert ein finanzieller Vorteil aufgrund der Progression des Einkommensteuersystems, weil der Haushalt mit dem Grenzsteuersatz besteuert wird, der genau zwischen den beiden Individualsteuersätzen der Ehepartner liegt. Dieser Splittingvorteil wird umso größer, je weiter die Einkommen der Ehepartner auseinander liegen. Er wird maximal, wenn ein Partner ein hohes Erwerbseinkommen bezieht und der andere keines. Dem Splittingvorteil stehen negative Anreizwirkungen auf die Erwerbsbeteiligung des geringer verdienenden Ehepartners - in den meisten Fällen ist dies die Frau - gegenüber. Sie wird nämlich durch den für sie individuell zu hohen Grenzsteuersatz von der Ausweitung oder sogar Aufnahme einer Erwerbstätigkeit abgehalten.[266] So fördert das Ehegattensplitting die Konzentration der Ehefrau auf die Hausarbeit. Um den demografisch bedingten Rückgang der Erwerbspersonen durch eine Ausweitung der Frauenerwerbstätigkeit abzufedern, werden Alternativen zum Ehegattensplitting diskutiert: die Individualbesteuerung, das Familienrealsplitting oder das tarifliche Familiensplitting wie es in Frankreich praktiziert wird.

---

[265] Vgl. Hülskamp, N. / Seyda, S. (2004), S. 44.
[266] Vgl. Rürup, B. / Gruescu, S. (2003), S. 34.

Bei der *Individualbesteuerung* wird jedes Individuum nach seinem Grenzsteuersatz besteuert. Dies führt bei Ehepaaren mit einem Alleinverdiener zu einer großen Steuerbelastung, da der Unterhalt des Ehepartners und von im Haushalt lebenden Kindern den Konsumausgaben gleichgestellt und steuerlich nicht berücksichtigt wird. Eine Abwandlung der Individualbesteuerung besteht in der Übertragung des Grundfreibetrages zwischen den Ehepartnern. Der nicht erwerbstätige Ehegatte überträgt dem erwerbstätigen Ehepartner seinen Grundfreibetrag. Durch den doppelten Grundfreibetrag wird dieser steuerlich entlastet. Entscheidet sich der zuvor nicht erwerbstätige Ehegatte zur Arbeitsaufnahme, kann er den Grundfreibetrag wieder für sich beanspruchen. Es entstehen keine Anreizverzerrungen.[267]

Auch beim *Familienrealsplitting* sind keine Anreizverzerrungen zu erwarten.[268] Seinen Ursprung hat das Familienrealsplitting im Scheidungsrecht. Es berücksichtigt die Unterhaltsverpflichtungen des Hauptverdieners gegenüber seinem Ehepartner und seinen Kindern, indem er diese Leistungen von seiner Steuerschuld abziehen kann. Allerdings ist die Festlegung der Höhe der freizustellenden (fiktiven) Unterhaltsleistungen nicht unumstritten. Eine Möglichkeit besteht in der Orientierung an der Düsseldorfer Tabelle. Diskutiert wird aber auch ein mit steigendem Einkommen zunehmender Freibetrag.[269]

Beim *tariflichen Familiensplitting* nach französischem Vorbild werden die Einkommen der Ehegatten addiert und durch die Anzahl der Familienmitglieder geteilt. Die Kinder werden dabei mit einem geringeren Splittingfaktor als die Eltern berücksichtigt. Rechnet man bspw. den Kindern einen halben und den Eltern einen ganzen Splittingfaktor zu, wird das Haushaltseinkommen einer vierköpfigen Familie durch drei geteilt und der Steuertarif darauf angewendet. Man gelangt zur Steuersumme, indem anschließend dieser Steuerbetrag wieder mit drei multipliziert wird. Durch die Progression des Steuertarifs ergeben sich besonders für Mehrkindfamilien deutliche Entlastungseffekte. Da ab zwei Kindern in den meisten Fällen der Grenzsteuersatz unter dem Individualsteuersatz des geringer verdienenden (meist weiblichen) Ehepartners liegt, wird auch die Erwerbstätigkeit der Frau gefördert.[270] Kritisch wird gegen das tarifliche Familiensplitting eingewendet, dass es besonders Besserverdienenden zugute komme. Diese Kritik richtet sich im Kern aber gegen die Steuerprogression, die ihre (gu-

[267] Vgl. Hülskamp, N. / Seyda, S. (2004), S. 49.
[268] Vgl. Hülskamp, N. / Seyda, S. (2004), S. 50.
[269] Vgl. Hülskamp, N. / Seyda, S. (2004), S. 50.
[270] Vgl. Hülskamp, N. / Seyda, S. (2004), S. 50.

te) Begründung in der Besteuerung nach dem Leistungsfähigkeitsprinzips findet. Vor dem Hintergrund der unter den Akademikerinnen besonders ausgeprägten Kinderlosigkeit, könnte gerade eine steuerliche Entlastung besser verdienender Paare familienpolitisch vorteilhaft sein. So stellt insgesamt das tarifliche Familiensplitting eine gute Alternative zum derzeitigen System dar, um Mehrkindfamilien zu fördern und dabei gleichzeitig die Arbeitsanreizverzerrungen für die Ehefrau möglichst gering zu halten.

## 6.4 Elternschutzgesetze

Die Berufstätigkeit der Mütter ist auch der Leitgedanke für die Ausgestaltung der Elternschutzgesetze in einem Modell offener Familienpolitik. Bislang entwickelten sich nämlich einige Schutzgesetze entgegen ihrer eigentlichen Intention zu Hindernissen bei der Entscheidung für Kinder, da sie Paaren starke Anreize für die Wahl eines bestimmten Familienmodells setzen. Das deutsche Elternschutzgesetz besteht aus drei Komponenten: dem Mutterschutz, dem Erziehungsgeld und der Elternzeit. Der *Mutterschutz* dient dem Schutz der Gesundheit von Mutter und Kind direkt vor und nach der Entbindung. Sechs Wochen vor und acht Wochen nach der Geburt erhält die Mutter Mutterschaftsgeld, welches in der Höhe ihrem durchschnittlichen Nettogehalt entspricht. 13 Euro pro Tag zahlt die Krankenkasse, den Rest stockt der Arbeitgeber auf.[271] Warum die Finanzierung des Mutterschutzes den Unternehmen und nicht dem Steuerzahler angelastet wird, ist kritisch zu hinterfragen. Denn aus Sicht eines im Wettbewerb befindlichen Arbeitgebers birgt unter den jetzigen Bedingungen die Beschäftigung einer Frau im entsprechenden Alter ein Kostenrisiko.

„Das *Erziehungsgeld* ist eine steuerfinanzierte, einkommensabhängige Familienleistung für Eltern, die ihr Kind, welches das zweite Lebensjahr noch nicht vollendet hat, betreuen und nicht mehr als dreißig Stunden erwerbstätig sind.“[272] Das Erziehungsgeld soll mithin Familienarmut vorbeugen, indem es den Verdienstausfall mindert, der durch die Betreuung des Kindes durch einen Elternteil entsteht. Der Regelbetrag in Höhe von bis zu 300 Euro monatlich wird für die Dauer von bis zu zwei Jahren gewährt. Für die ersten sechs Lebensmonate des

[271] Vgl. Internetseite des Bundesministerium für Familie, Senioren, Frauen und Jugend: *http://www.bmfsfj.de/Kategorien/aktuelles,did=33804.html*; Stand vom 27. Juli 2005; Abruf am 20. Februar 2006.

[272] Internetseite des Bundesministerium für Familie, Senioren, Frauen und Jugend: *http://www.bmfsfj.de/Politikbereiche/familie,did=29952.html*; Stand vom 20. Juni 2005; Abruf am 20. Februar 2006.

Kindes beträgt die Einkommensgrenze 30.000 Euro Nettojahreseinkommen für ein Paar mit einem Kind.[273] Wird diese Einkommensgrenze überschritten, besteht kein Anspruch auf Erziehungsgeld. Die Einkommensgrenze erhöht sich für jedes weitere Kind der Familie um jeweils 3.140 Euro. Ab dem 7. Lebensmonat des Kindes liegt die Einkommensgrenze für ein Paar mit einem Kind bei 16.500 Euro.[274] Auch hier erhöht sich die Einkommensgrenze für jedes weitere Kind der Familie um jeweils 3.140 Euro. Bei einem Einkommen bis zu dieser Grenze wird das ungekürzte monatliche Erziehungsgeld von 300 Euro gezahlt. Bei einem Einkommen oberhalb dieser Einkommensgrenze verringert sich ab dem 7. Lebensmonat das Erziehungsgeld um 5,2 % des Einkommens, welches die Einkommensgrenze übersteigt. Darüber hinaus besteht die Möglichkeit, die Bezugszeit des Erziehungsgeldes auf ein Jahr zu begrenzen und im Gegenzug 450 Euro monatlich zu erhalten. Hierfür liegt die Einkommensgrenze für Paare mit einem Kind bei 22.086 Euro Nettojahreseinkommen. Vor dem Hintergrund der überdurchschnittlichen Kinderlosigkeit unter den Akademikerinnen erscheint die Ausgestaltung des Erziehungsgeldes problematisch. Für diesen Personenkreis birgt die Entscheidung für Kinder besonders hohe Opportunitätskosten, wenn sie kindbedingt auf eine Erwerbstätigkeit verzichten. Trotzdem haben sie aufgrund der niedrigen Einkommensgrenzen keinen Anspruch auf Erziehungsgeld.

Die *Elternzeit* ermöglicht die Betreuung des Kleinkindes durch die eigenen Eltern. Jeder Elternteil kann bis zur Vollendung des dritten Lebensjahres des Kindes zur Betreuung und Erziehung Elternzeit beanspruchen und darf währenddessen eine Teilzeitbeschäftigung im Umfang von 15-30 Wochenstunden ausüben. Dieser Anspruch ist gegenüber dem Arbeitgeber geltend zu machen. Während der Elternzeit ruhen die Hauptpflichten des Arbeitsverhältnisses. Das Arbeitsverhältnis selbst bleibt bestehen. Nach Ablauf der Elternzeit hat der Arbeitnehmer/die Arbeitnehmerin einen Anspruch darauf, auf den ursprünglichen oder einen vergleichbaren Arbeitsplatz zurück zu kehren.[275] Die im internationalen Vergleich überdurchschnittliche lange Elternzeit wird hierzulande meistens von der Mutter in Anspruch genommen.[276] Dies hat zur Folge, dass deutsche Mütter

---

[273] Für Alleinerziehende gilt eine Grenze von 23.000 Euro pauschaliertes Nettojahreseinkommen.

[274] Ab dem siebten Lebensmonat gilt für Alleinerziehende eine Einkommensgrenze von 13.500 Euro.

[275] Vgl. Internetseite des Bundesministerium für Familie, Senioren, Frauen und Jugend: *http://www.bmfsfj.de/Kategorien/aktuelles,did=16318.html*; Stand vom 2. August 2004; Abruf am 20. Februar 2006.

[276] Im Jahr 2004 nahmen 85 % der Anspruchberechtigten Elternzeit, darunter nur knapp 5 % Väter. Vgl. hierzu den Bericht zur Elternzeit des Bundesministerium für Familie, Senio-

lange aus dem Erwerbsleben ausscheiden. Dies entwertet ihr Humankapital. Zudem wählen Mütter aufgrund der Öffnungszeiten der Kindergärten und Grundschulen häufig nur eine Teilzeitbeschäftigung. Damit verzichten viele auf eine ihrer beruflichen Qualifikation entsprechende Erwerbstätigkeit. Das Bewusstsein über diesen dauerhaften beruflichen Abstieg hält viele Frauen von der Mutterschaft ab. Überdies wirkt dieses Schutzgesetz in der Realität als Einstellungshemmnis für (karriereorientierte) Frauen, da diese es sind, die in den meisten Fällen die Elternzeit beanspruchen. Somit birgt die Beschäftigung einer Frau im entsprechenden Alter ein Ausfallrisiko für den Arbeitgeber, welches er in seine Entscheidungen bzgl. Einstellung und Beförderung u. U. einfließen lassen wird.

Vor dem Hintergrund der angesprochenen Kritikpunkte und um vor allem gut ausgebildeten Frauen die Entscheidung für ein Kind zu erleichtern, erscheint eine Verkürzung der Elternzeit und die Kopplung des Erziehungsgeldes an das vorherige Nettoeinkommen sinnvoll. Bspw. könnte nach dem Mutterschutz, dessen Finanzierung dem Steuerzahler anzulasten ist, ein Elternteil für ein Jahr zu Hause bleiben. Während dieser Zeit erhält er/sie ein Erziehungsgeld in Abhängigkeit vom früheren Nettoeinkommen, wobei über die eventuelle Festlegung einer Höchstgrenze politisch entschieden werden könnte. Das in jüngster Zeit viel diskutierte *Elterngeld* nach schwedischem Vorbild erscheint somit eine sinnvolle Alternative zum Erziehungsgeld.[277] Rund 2/3 des durch die Erziehung und Betreuung des Kindes wegfallenden Erwerbseinkommens sollen dadurch kompensiert werden. Nicht oder gering erwerbstätigen Eltern wird ein Sockelbetrag ähnlich dem bisherigen Erziehungsgeld gezahlt. Eine solche Leistung bewirkt eine finanzielle Kompensation und erleichtert damit auch den häufig besser verdienenden Vätern die Entscheidung zur Beteiligung an der Erziehungsarbeit. Durch die vorgesehene Festlegung auf zwölf Monate fördert das Modell die Rückkehr in den Beruf und leistet somit einen wichtigen Beitrag zur Erhöhung der Frauenerwerbstätigkeit.

---

ren, Frauen und Jugend: *http://www.bmfsfj.de/bmfsfj/generator/RedaktionBMFSFJ/Pressestelle/Pdf-Anlagen/bericht-elternzeit-zusammenfassung,property=pdf.pdf*; Stand: 16. Juni 2004; Abruf am 21. Februar 2006; S. 2.

[277] Vgl. zur geplanten Ausgestaltung des Elterngeldes die Internetseite des Bundesministerium für Familie, Senioren, Frauen und Jugend: *http://www.bmfsfj.de/Politikbereiche/familie,did=20194.html*; Stand vom 31. Mai 2005; Abruf am 21. Februar 2006.

## 6.5 Kinderbetreuung

Um Müttern nach der Geburt ihres Kindes eine frühzeitige Erwerbstätigkeit zu ermöglichen, müsste die Betreuung für Kleinkinder und Kindergartenkinder spürbar ausgebaut werden. In Westdeutschland gibt es lediglich für 3,4 % der Unterdreijährigen einen Krippenplatz. In den neuen Bundesländern beträgt die Versorgungsquote mit Krippenplätzen 34,8 %. Westdeutsche Kinder gehen in der Regel nur vormittags in den Kindergarten (69,7 %), in Ostdeutschland herrscht hingegen noch ein Überangebot an Ganztagskindergartenplätzen (110 %).[278] Die Versorgungsquoten in den neuen Bundesländern sind also vergleichsweise hoch. Aufgrund rückläufiger Kinderzahlen - und einem damit verbundenen Abbau von Betreuungsplätzen in Ostdeutschland - wird sich zwar in den nächsten Jahren die Betreuungssituation in beiden Teilen Deutschlands entspannen. Vor dem Hintergrund der Vereinbarkeit von Beruf und Familie sind wir hierzulande aber von einem optimalen Betreuungsangebot noch weit entfernt. Daher bekommen vor allem diejenigen Frauen Kinder, die in der Nähe der Großeltern oder anderer Verwandten wohnen und während ihrer Erwerbstätigkeit auf familiäre Betreuung zurückgreifen können. Die gut ausgebildeten Frauen, die aus beruflichen Gründen ihren Heimatort verlassen haben, werden aufgrund fehlender Betreuungseinrichtungen auf das Familienmodell des Alleinverdienerhaushalts verpflichtet. Sind diese Frauen damit nicht zufrieden, finden aber keine Alternative, könnte dies den hierzulande zu beobachtenden hohen Anteil kinderloser Akademikerinnen erklären. Ein Ausbau der Kinderbetreuung - vor allem für Kleinkinder - scheint vor diesem Hintergrund unumgänglich.

Neben der Betreuung der Kinder leisten institutionelle Einrichtungen prinzipiell noch zwei weitere Aufgaben: die Sozialisation und die Bildung der Kinder. Da der Kindergarten hierzulande primär eine Spielstätte und keine Bildungsstätte ist, kommt der Bildungsgedanke zulasten des Sozialisationsziels zu kurz.[279] Zudem wird in Deutschland häufig die Meinung vertreten, nur eine Betreuung durch die eigene Mutter sei für die Entwicklung des Kindes förderlich. Internationale Studien kommen zwar zu unterschiedlichen Ergebnissen, belegen aber, dass eine außerhäusliche Betreuung weder positive noch negative Effekte auf die Entwicklung des Kindes hat.[280] Damit die Kinder von der Betreuung profitieren, ist vielmehr eine hohe Qualität der Betreuung durch gut ausgebildete Be-

---

[278] Vgl. Rürup, B. / Gruescu, S. (2003), S. 31 f.

[279] Dies war einer der Punkte, die die PISA-Studie am deutschen Bildungssystem kritisierte. Das Lernpotenzial kleiner Kinder sollte verstärkt gefördert werden.

[280] Vgl. Hülskamp, N. / Seyda, S. (2004), S. 60.

treuer entscheidend. Darüber hinaus sind folgende, zusätzliche Anforderungen an ein Betreuungssystem zu berücksichtigen:

- Es bedarf eines hinreichenden Umfangs an Betreuungsplätzen.
- Die Qualität der Betreuung muss gesichert sein.
- Es sollte ein flexibles Kinderbetreuungsangebot in der Zeit zwischen 7.00 Uhr und 19.00 Uhr angeboten werden, welches auch eine kurzfristige Betreuung in Ausnahmesituationen ermöglicht.
- Der Ausbau weiterer Betreuungsmöglichkeiten (wie bspw. Tagesmutter, Ganztagsschulen) ist vom Staat zu fördern.

Der Ausbau und die Ausweitung der Qualität der Kinderbetreuung kann grundsätzlich vom Staat oder der freien Wirtschaft übernommen werden, wobei der Markt flexibler als der Staat auf die verschiedenen Bedürfnisse der Eltern reagieren kann. Um die private Betreuung zu fördern, könnten Betreuungsgutscheine ausgegeben werden, welche die Eltern bei den unterschiedlichen Anbietern einlösen könnten.[281] Dies würde den Wettbewerb zwischen privaten und staatlichen Anbietern fördern und zu einem flächendeckenden, differenzierten und kundenorientierten Betreuungsangebot führen. Ein freiwilliges staatliches Angebot an Qualitätssiegeln könnte Eltern helfen, die Qualität der verschiedenen Kinderbetreuungseinrichtungen zu beurteilen. Die Betreuungseinrichtungen könnten entsprechend ihrer pädagogischen Ausrichtung ein Qualitätssiegel erwerben, mit dem sie höhere Preise einfordern können. Darüber hinaus sollte der Staat die bürokratischen Hürden für die Einrichtung alternativer Betreuungssysteme senken, um auch kostengünstigere Einfachbetreuung zu ermöglichen. Zur Gewährleistung einer Betreuung für Kinder im Schulalter bietet sich ein Ausbau von Ganztagesschulen und Hortplätzen an.

[281] Vgl. Hülskamp, N. / Seyda, S. (2004), S. 63.

## 6.6 Kindbezogene Transfers

Das Kindergeld gibt es für alle Kinder bis zum 18. Lebensjahr.[282] Für Kinder in Ausbildung verlängert sich der Bezug von Kindergeld bis zum 27. Lebensjahr, für Kinder ohne Arbeitsplatz bis zum 21. Lebensjahr. Das Kindergeld wird einkommensunabhängig grundsätzlich als Steuervergütung gezahlt. Es ist nach der Zahl der Kinder gestaffelt und beträgt seit dem 1. Januar 2002 für das erste, zweite und dritte Kind monatlich 154 Euro, für das vierte und weitere Kinder monatlich 179 Euro.[283] Das Finanzamt prüft, ob im Einzelfall die Zahlung des Kindergeldes oder die Berücksichtigung von Freibeträgen für die Eltern vorteilhafter ist. Der steuerliche Kinderfreibetrag liegt bei 3.648 Euro plus einem Betreuungsfreibetrag von 2.160 Euro pro Jahr.[284] Bezieher niedriger Einkommen erhalten das Kindergeld als echte Transferleistung. Im Sinne einer Besteuerung nach dem Leistungsfähigkeitsprinzip wird besser verdienenden Familien das Existenzminimum ihrer Kinder steuerfrei gestellt. Die tatsächlichen Kosten eines Kindes liegen aber weit oberhalb des Freibetrages.[285] Es stellt sich somit die Frage, inwieweit die Gesellschaft an den Kinderkosten beteiligt werden sollte, um damit die positiven Effekte der Kinder für die Gesellschaft anzuerkennen. Das Institut für Weltwirtschaft stellt fest, dass etwa 45 % der Kinderkosten in Deutschland von der Gesellschaft finanziert werden. Da Eltern zu dieser Finanzierung selbst mit beitragen, wird netto ca. 1/3 der Kinderkosten durch Umver-

---

[282] Seit dem 1. Januar 2005 wird bedürftigen Eltern, die Kindergeld für in ihrem Haushalt lebende Kinder beziehen, zusätzlich ein Kinderzuschlag in Höhe von bis zu 140 Euro je Kind gezahlt. Vgl. hierzu die Internetseite des Bundesministerium für Familie, Senioren, Frauen und Jugend: *http://www.bmfsfj.de/RedaktionBMFSFJ/Abteilung2/Pdf-Anlagen/regelleistungen-steuererm_C3_A4_C3_9Figungen-deutsch,property=pdf,bereich=,rwb=true.pdf*; Stand vom 1. Februar 2005; Abruf am 23. Februar 2006, S.4.

[283] Vgl. die Internetseite des Bundesministerium für Familie, Senioren, Frauen und Jugend: *http://www.bmfsfj.de/Politikbereiche/familie,did=31470.html*; Stand vom 22. Juli 2005; Abruf am 22. Februar 2006.

[284] Mit einem neuen Gesetzentwurf, der rückwirkend zum 1. Januar 2006 in Kraft treten soll, hat die Bundesregierung die steuerliche Absetzbarkeit von Kinderbetreuungskosten ausgebaut. Berufstätige Alleinerziehende und Doppelverdiener können für jedes Kind von 0 bis 14 Jahren 2/3 aller Kosten bis maximal 4.000 Euro steuerlich als Werbungskosten geltend machen, unabhängig davon, wie und wo das Kind betreut wird. Alleinverdienerpaare können für alle Kinder zwischen 3 und 6 Jahren ebenfalls 2/3 aller Kosten bis zur gleichen Höchstgrenze pro Jahr und pro Kind als Sonderausgaben von der Steuer absetzen. Außerdem können sie Kosten für eine Kinderbetreuung im eigenen Haushalt geltend machen. Vgl. hierzu die Internetseite des Bundesministerium für Familie, Senioren, Frauen und Jugend: *http://www.bmfsfj.de/Kategorien/aktuelles,did=68852.html*; Stand vom 21. Februar 2006; Abruf am 23. Februar 2006.

[285] Vgl. Hülskamp, N. / Seyda, S. (2004), S. 52.

teilung getragen.[286] Da sich die externen Effekte von Kindern für die Gesellschaft nur schwer abschätzen lassen, kann die Frage, ob die Beteiligung der Allgemeinheit an den Kinderkosten die positiven Effekte hinreichend honoriert, nur politisch entschieden werden.

## 6.7 Betriebliche Personalpolitik

Das Institut der deutschen Wirtschaft hat zusammen mit den Spitzenverbänden der Wirtschaft und dem Bundesministerium für Familie, Senioren, Frauen und Jugend eine repräsentative Unternehmensbefragung unter dem Titel „Monitor Familienfreundlichkeit" durchgeführt. Die Befragung zeigte, dass das Bewusstsein einer familienfreundlichen Personalpolitik in vielen Unternehmen vorhanden ist. Mehr als 3/4 der befragten Unternehmen (76,8 %) bieten Arbeitszeitflexibilisierung (flexible Tages-/Wochenarbeitszeit, individuell vereinbarte Arbeitszeiten, vorübergehende Teilzeit, Jobsharing, Telearbeit) an. Fast 42 % der Betriebe leisten eine Kinder- und Angehörigenbetreuung (Arbeitsunterbrechung, Betriebskindergarten und -krippe, Tagesmütterservice), ein Fünftel unterstützt seine Beschäftigten mit familienrelevanten Informations- und Beratungsangeboten (Gesundheitsprogramme, Kantinenessen für Mitarbeiterkinder, Angebote haushaltsnaher Dienstleistungen).[287] Die umfangreichste Palette an familienfreundlichen Maßnahmen bieten große Firmen. Sie begründen ihr Engagement damit, die Arbeitszufriedenheit ihrer Beschäftigten zu erhöhen, qualifizierte Mitarbeiter zu halten und für neue attraktiv zu sein. Als Hemmnisse für ein stärkeres familienorientiertes Engagement nennen die befragten Unternehmen einen fehlenden betrieblichen Bedarf oder eine fehlende Nachfrage von Seiten der Mitarbeiter.

Angesichts des absehbaren, demografisch bedingten Fachkräftemangels liegt es folglich im eigenen Interesse der Unternehmen, Familie und Beruf besser vereinbar zu machen, um damit mehr Mütter als Mitarbeiterinnen gewinnen zu können. Unternehmen betreiben aber nur dann eine familienfreundliche Personalpolitik, wenn es ihnen lohnend erscheint. Die Prognos-Studie "Betriebswirtschaftliche Effekte familienfreundlicher Maßnahmen" aus dem Jahr 2003 hat ergeben, dass selbst für mittelständische Unternehmen in einer Kosten-Nutzen-Relation der betriebswirtschaftliche Nutzen - auch kurzfristig betrachtet - die

---

[286] Vgl. Hülskamp, N. / Seyda, S. (2004), S. 53.
[287] Vgl. Flüter-Hoffmann, C. / Solbrig, J. (2003), S. 7.

Kosten übersteigt.[288] Weiter belegen verschiedene Studien, dass Mitarbeiter mit Kindern nicht nur belastbarer auf Stress reagieren, sondern auch teamfähiger, verantwortungsbewusster und gelassener sind.[289] Somit profitieren Beschäftigte und Betriebe von familienfreundlichen Maßnahmen.

[288] Vgl. Prognos AG (2003).
[289] Vgl. Dickmann, N. / Flüter-Hoffmann, C. / Peter, W. / Seyda, S. (2004), S. 26.

# 7 SCHLUSSBEMERKUNGEN

Die Sozialversicherungssysteme stehen vor dem finanziellen Kollaps, da die deutsche Gesellschaft schrumpft und altert. Um die negativen Folgen des demografischen Wandels abzumildern, werden u.a. eine verstärkte Frauenerwerbstätigkeit und eine Steigerung der Geburtenrate diskutiert. Der Gesamtkonzeption aus familien-, gesellschafts-, sozial- und arbeitsmarktpolitischen Maßnahmen zur Erreichung dieser Ziele muss eine detaillierte Erforschung ihrer Ursachen und Erklärungsgrößen vorausgehen. Dies war *Ziel* der vorliegenden Arbeit, in deren Zentrum eine empirische Analyse des Zusammenhangs zwischen der Fertilität und der Frauenerwerbstätigkeit in Deutschland steht.

In jüngster Zeit häufen sich Veröffentlichungen zu diesem Themenkomplex. Ihre Schwerpunkte liegen aber eindeutig auf der deskriptiven Seite. Anzahl und Umfang ökonometrischer Analysen sind begrenzt. Die vorliegende Arbeit grenzt sich somit deutlich zu den anderen Studien auf dem Gebiet ab. Sie verringert das Analysedefizit und erweitert die bisherigen Arbeiten durch die Berücksichtigung *mehrerer* erklärender Größen. In einer ersten Stufe dienen empirische Analysen der Ableitung potentieller Determinanten für die ökonometrischen Paneldaten-Modelle der zweiten Stufe. Multivariate Probitmodelle für Querschnittsdaten, Classical-Pooling-Probitmodelle sowie Random-Effects-Probitmodelle kommen dabei zur Anwendung. Sie bringen *die* erklärenden Variablen hervor, die einerseits die Fertilität und andererseits die Frauenerwerbstätigkeit in Deutschland signifikant beeinflussen.

Bislang gibt es wenige vergleichbare, anwendungsorientierte Studien mit Probitmodellen bei Vorliegen von Paneldaten. Die im Rahmen dieser Arbeit gewonnenen Ergebnisse sind zudem plausibel und anschaulich zu interpretieren, sodass aus ihnen Eckpunkte einer offenen Familienpolitik abgeleitet werden können. Es zeigt sich, dass sowohl das Geburten- als auch das Arbeitsmarktverhalten der Frauen von soziodemografischen Merkmalen, ökonomischen Faktoren sowie persönlichen Einstellungsvariablen bestimmt werden. Zum Großteil sind diese Faktoren nicht unmittelbar von der Politik steuerbar. Gleichwohl hat Familienpolitik aber durchaus ihre eigene Bedeutung. Sie determiniert zwar kein Verhalten, setzt aber Rahmenbedingungen für individuelle Handlungsentscheidungen. Die Ergebnisse sprechen somit dafür, innerhalb eines ganzheitlichen Konzeptes aus Familien-, Sozial- und Arbeitsmarktpolitik neue Rahmenbedingungen für Familien zu setzen. Die Eckpunkte einer solchen Gesamtkonzeption wurden in der vorliegenden Arbeit dargestellt. In erster Linie muss es aber darum gehen, den Wert von Kindern und Familie in unserer Gesellschaft herauszustellen und nachhaltig zu erhöhen. Nur so ist es möglich, die notwendigen Reformen zur Stabilisierung der Sozialversicherungssysteme ohne ideologische Barrieren anzugehen.

## A1 Berechnung des Reproduktionsniveaus

Das Reproduktionsniveau (oder auch: *E*rsatz*n*iveau, *EN*) einer Bevölkerung bezeichnet die durchschnittlich notwendige Kinderzahl pro Frau, die zum Ersatz der Elterngeneration führt und somit dafür sorgt, dass die Bevölkerungsgröße dauerhaft erhalten bleibt.

Relevant für den Ersatz der Müttergeneration und mithin für die Reproduktionsfähigkeit einer Bevölkerung ist die Anzahl weiblicher Geburten. Die Wahrscheinlichkeit einer Mädchengeburt ist $p^M = 0{,}488$. Allerdings verstirbt ein Teil der weiblichen Neugeborenen bis zum Ende ihres gebärfähigen Alters. Die mehrjährige Überlebenswahrscheinlichkeit beträgt $l^M_{0;45} = 0{,}976$. Wiederum bezeichnet $f$ die Fertilitätsrate.

Somit gibt $EN = f \cdot p^M \cdot l^M_{0;45} \cdot 1000$ an, wie viele Mädchen von 1000 Frauen durchschnittlich unter Berücksichtigung der gegenwärtigen Fertilitäts- und Sterblichkeitsverhältnisse geboren und bis zum Ende ihres gebärfähigen Alters überleben würden. Soll die Müttergeneration vollständig ersetzt werden, muss gelten:

$$f \cdot p^M \cdot l^M_{0;45} \stackrel{!}{=} 1 \Leftrightarrow \frac{1}{(0{,}488 \cdot 0{,}976)} = 2{,}09957 \approx 2{,}1$$

Bei einer Fertilitätsrate von 2,1 Kindern je Frau bleibt die Bevölkerungsgröße somit langfristig erhalten.

## A2 TFR in den neuen Mitgliedsländern der EU im Jahre 2002

| EU-Mitgliedsland | TFR |
|---|---|
| Estland | 1,37 |
| Lettland | 1,24 |
| Litauen | 1,24 |
| Malta | 1,46 |
| Polen | 1,24 |
| Slowakei | 1,19 |
| Slowenien | 1,21 |
| Tschechische Republik | 1,17 |
| Ungarn | 1,3 |
| Zypern | 1,49 |

*Quelle: Eurostat (2004).*

## A 3 TFR in der EU-15 zwischen 1965 und 2003

| | 1965 | 1970 | 1975 | 1980 | 1983 | 1984 | 1985 | 1986 | 1987 | 1988 | 1989 | 1990 |
|---|---|---|---|---|---|---|---|---|---|---|---|---|
| B | 2,62 | 2,25 | 1,74 | 1,68 | 1,56 | 1,54 | 1,51 | 1,54 | 1,54 | 1,57 | 1,58 | 1,62 |
| DK | 2,61 | 1,95 | 1,92 | 1,55 | 1,38 | 1,40 | 1,45 | 1,48 | 1,50 | 1,56 | 1,62 | 1,67 |
| D | 2,50 | 2,03 | 1,48 | 1,56 | 1,43 | 1,39 | 1,37 | 1,41 | 1,43 | 1,46 | 1,42 | 1,45 |
| EL | | | | 2,21 | 1,94 | 1,82 | 1,67 | 1,60 | 1,50 | 1,50 | 1,40 | 1,39 |
| E | | 2,90 | 2,79 | 2,20 | | | | 1,56 | 1,50 | 1,45 | 1,40 | 1,36 |
| F | | 2,47 | 1,93 | 1,95 | 1,78 | 1,80 | 1,81 | 1,83 | 1,80 | 1,81 | 1,79 | 1,78 |
| IRL | | 3,93 | 3,40 | 3,25 | 2,74 | 2,57 | 2,47 | 2,46 | 2,33 | 2,18 | 2,09 | 2,11 |
| I | 2,66 | 2,42 | 2,20 | 1,64 | 1,49 | 1,43 | 1,42 | 1,34 | 1,32 | 1,36 | 1,33 | 1,33 |
| L | | 1,98 | 1,55 | 1,49 | 1,43 | 1,42 | 1,38 | 1,43 | 1,40 | 1,51 | 1,52 | 1,61 |
| NL | | | 1,66 | 1,60 | 1,47 | | 1,51 | | 1,56 | 1,55 | 1,55 | 1,62 |
| A | | 2,29 | 1,83 | 1,62 | | | | 1,45 | 1,43 | 1,44 | 1,44 | 1,45 |
| P | 3,14 | 2,83 | 2,58 | 2,18 | | | | 1,66 | 1,62 | 1,62 | 1,58 | 1,57 |
| FIN | 2,47 | 1,82 | 1,68 | 1,63 | | | | 1,60 | 1,59 | 1,69 | 1,71 | 1,78 |
| S | 2,42 | 1,92 | 1,77 | 1,67 | | | | 1,80 | 1,84 | 1,96 | 2,01 | 2,13 |
| UK | 2,89 | 2,43 | 1,81 | 1,90 | 1,77 | 1,77 | 1,79 | 1,78 | 1,81 | 1,82 | 1,79 | 1,83 |

| | 1991 | 1992 | 1993 | 1994 | 1995 | 1996 | 1997 | 1998 | 1999 | 2000 | 2001 | 2002 | 2003 |
|---|---|---|---|---|---|---|---|---|---|---|---|---|---|
| B | 1,66 | 1,65 | 1,61 | 1,56 | 1,55 | 1,59 | 1,61 | 1,59 | 1,61 | 1,66 | 1,64 | 1,62 | 1,61 |
| DK | 1,68 | 1,76 | 1,75 | 1,81 | 1,80 | 1,75 | 1,75 | 1,72 | 1,73 | 1,77 | 1,74 | 1,72 | 1,76 |
| D | 1,33 | 1,30 | 1,28 | 1,24 | 1,25 | 1,32 | 1,37 | 1,36 | 1,36 | 1,38 | 1,35 | 1,34 | 1,34 |
| EL | 1,38 | 1,38 | 1,34 | 1,35 | 1,32 | 1,30 | 1,31 | 1,29 | 1,28 | 1,29 | 1,25 | 1,27 | 1,27 |
| E | 1,33 | 1,32 | 1,27 | 1,21 | 1,18 | 1,17 | 1,19 | 1,15 | 1,20 | 1,24 | 1,26 | 1,26 | 1,29 |
| F | 1,77 | 1,73 | 1,65 | 1,66 | 1,70 | 1,72 | 1,71 | 1,75 | 1,79 | 1,88 | 1,89 | 1,88 | 1,89 |
| IRL | 2,09 | 1,99 | 1,90 | 1,85 | 1,84 | 1,88 | 1,94 | 1,95 | 1,91 | 1,90 | 1,94 | 1,97 | 1,98 |
| I | 1,31 | 1,31 | 1,25 | 1,21 | 1,18 | 1,20 | 1,22 | 1,19 | 1,22 | 1,24 | 1,25 | 1,27 | 1,29 |
| L | 1,60 | 1,64 | 1,70 | 1,72 | 1,69 | 1,76 | 1,71 | 1,68 | 1,73 | 1,76 | 1,66 | 1,63 | 1,63 |
| NL | 1,61 | 1,59 | 1,57 | 1,57 | 1,53 | 1,53 | 1,56 | 1,63 | 1,65 | 1,72 | 1,71 | 1,73 | 1,75 |
| A | 1,49 | 1,51 | 1,50 | 1,47 | 1,42 | 1,45 | 1,39 | 1,37 | 1,34 | 1,36 | 1,33 | 1,40 | 1,39 |
| P | 1,57 | 1,57 | 1,51 | 1,44 | 1,41 | 1,44 | 1,47 | 1,48 | 1,50 | 1,55 | 1,45 | 1,47 | 1,44 |
| FIN | 1,79 | 1,85 | 1,81 | 1,85 | 1,81 | 1,76 | 1,75 | 1,70 | 1,74 | 1,73 | 1,73 | 1,72 | 1,76 |
| S | 2,11 | 2,09 | 1,99 | 1,88 | 1,73 | 1,60 | 1,52 | 1,50 | 1,50 | 1,54 | 1,57 | 1,65 | 1,71 |
| UK | 1,81 | 1,79 | 1,75 | 1,74 | 1,71 | 1,72 | 1,72 | 1,71 | 1,68 | 1,64 | 1,63 | 1,64 | 1,71 |

*Quelle: Eurostat (2003).*

## A4 FLPR in der EU-15 zwischen 1965 und 2003

| | 1965 | 1970 | 1975 | 1980 | 1983 | 1984 | 1985 | 1986 | 1987 | 1988 | 1989 | 1990 |
|---|---|---|---|---|---|---|---|---|---|---|---|---|
| B | 38 | 40,2 | 42,9 | 47 | 36,4 | 36,7 | 37 | 37,6 | 37,5 | 38,4 | 39,7 | 40,8 |
| DK | 49,3 | 58 | 63,5 | 70,9 | 64,3 | 65,8 | 67,4 | 70,1 | 71 | 70,9 | 69,5 | 70,7 |
| D | 49 | 48,1 | 50,8 | 52,8 | 45,2 | 46,6 | 47,3 | 48,1 | 48,5 | 49,5 | 50,3 | 54 |
| EL | | | | 33 | 34,4 | 34,9 | 36,1 | 36,1 | 36,3 | 37,2 | 37,6 | 37,5 |
| E | | 29,2 | 32,4 | 32,2 | | | | 25,1 | 26,6 | 28,1 | 29,5 | 30,7 |
| F | | 47,5 | 51,1 | 54,8 | 50,5 | 49,8 | 49,5 | 50,6 | 49,8 | 50,2 | 50,6 | 50,9 |
| IRL | | 34,3 | 34,5 | 36,3 | 33,4 | 32,3 | 31,4 | 31,8 | 33,1 | 32,9 | 33,9 | 35,5 |
| I | 34,6 | 33,5 | 34,6 | 39,6 | 34 | 33,5 | 33,6 | 34,1 | 34,7 | 35,3 | 35,8 | 36,4 |
| L | | 33,8 | 38,3 | 39,9 | 38,6 | 39,1 | 39,7 | 40,7 | 41,8 | 40,5 | 41,3 | 41,4 |
| NL | | | 31 | 35,5 | 34,5 | | 36 | | 42,4 | 43,4 | 44,4 | 46,7 |
| A | | 48,9 | 47,6 | 48,7 | | | | 49,8 | 50,6 | 51,3 | 52,1 | 53,2 |
| P | 23,6 | 30,8 | 51,8 | 54,3 | | | | 47,3 | 49,5 | 51,2 | 52,4 | 53,3 |
| FIN | 62,6 | 61,4 | 65,6 | 70,1 | | | | 69,5 | 69,3 | 69,6 | 70,5 | 70,5 |
| S | 54,1 | 59,4 | 67,6 | 74,1 | | | | 77,8 | 79,2 | 80,1 | 80,8 | 81 |
| UK | 49,1 | 50,8 | 55,1 | 58,3 | 51,4 | 52,9 | 54,2 | 55 | 56,3 | 56,3 | 60,9 | 61,7 |

| | 1991 | 1992 | 1993 | 1994 | 1995 | 1996 | 1997 | 1998 | 1999 | 2000 | 2001 | 2002 | 2003 |
|---|---|---|---|---|---|---|---|---|---|---|---|---|---|
| B | 43 | 44,6 | 44,5 | 44,6 | 45 | 45,4 | 46,5 | 47,6 | 50,4 | 51,5 | 51 | 51,4 | 51,8 |
| Dk | 70,1 | 70,4 | 68,2 | 66,9 | 66,7 | 67,4 | 69,1 | 70,2 | 71,1 | 71,6 | 72 | 71,7 | 70,5 |
| D | 57,2 | 56 | 55,1 | 55,1 | 55,3 | 55,3 | 55,3 | 55,8 | 57,4 | 58,1 | 58,7 | 58,9 | 58,9 |
| EL | 34,9 | 36,2 | 36,6 | 37,3 | 38,1 | 38,7 | 39,3 | 40,5 | 41 | 41,7 | 41,5 | 42,9 | 44,3 |
| E | 31,2 | 31,3 | 30,7 | 30,7 | 31,7 | 33,1 | 34,6 | 35,8 | 38,5 | 41,3 | 43,1 | 44,4 | 46,3 |
| F | 51,4 | 51,3 | 51,5 | 51,6 | 52,1 | 52,2 | 52,4 | 53,1 | 54 | 55,2 | 56 | 56,7 | 57,2 |
| IRL | 35,5 | 36,8 | 38,5 | 40,1 | 41,6 | 43,2 | 45,9 | 49 | 52 | 53,9 | 54,9 | 55,4 | 55,7 |
| I | 37,2 | 36,1 | 35,8 | 35,4 | 35,4 | 36 | 36,4 | 37,3 | 38,3 | 39,6 | 41,1 | 42 | 42,7 |
| L | 43,6 | 46,2 | 44,8 | 44,4 | 42,6 | 43,8 | 45,3 | 46,2 | 48,6 | 50,1 | 50,9 | 51,6 | 52 |
| NL | 48,3 | 50,9 | 52,2 | 53,2 | 53,8 | 55,8 | 58 | 60,1 | 62,3 | 63,5 | 65,2 | 66,2 | 66 |
| A | 54,1 | 55,6 | 55,8 | 58,9 | 59 | 58,4 | 58,6 | 58,8 | 59,6 | 59,6 | 60,7 | 61,3 | 61,7 |
| P | 56,4 | 55,7 | 55 | 54,4 | 54,4 | 54,9 | 56,5 | 58,2 | 59,4 | 60,5 | 61,3 | 61,4 | 61,4 |
| FIN | 67,5 | 62,9 | 59,5 | 58,7 | 59 | 59,4 | 60,3 | 61,2 | 63,4 | 64,2 | 65,4 | 66,2 | 65,7 |
| S | 79,3 | 76,3 | 69,7 | 68,5 | 68,8 | 68,1 | 67,2 | 67,9 | 69,4 | 70,9 | 72,3 | 72,2 | 71,5 |
| UK | 61,1 | 61 | 60,8 | 61,2 | 61,7 | 62,5 | 63,1 | 63,6 | 64,3 | 64,7 | 65 | 65,2 | 65,3 |

*Quelle: OECD Labour Force Statistics (verschiedene Jahrgänge) und Eurostat (2003).*

## A5 Maßkorrelationskoeffizienten zwischen TFR und FLPR

| | 1965 | 1970 | 1975 | 1980 | 1983 | 1984 | 1985 | 1986 | 1987 |
|---|---|---|---|---|---|---|---|---|---|
| r | -0,744 | -0,626 | -0,390 | -0,386 | -0,323 | -0,358 | -0,243 | -0,049 | 0,089 |
| n | 8 | 13 | 14 | 15 | 10 | 9 | 10 | 14 | 15 |
| t | -2,726 | -2,663 | -1,468 | -1,508 | -0,964 | -1,014 | -0,708 | -0,168 | 0,323 |
| Signifikanz | * | * | - | - | - | - | - | - | - |

| | 1988 | 1989 | 1990 | 1991 | 1992 | 1993 | 1994 | 1995 | 1996 |
|---|---|---|---|---|---|---|---|---|---|
| r | 0,288 | 0,440 | 0,504 | 0,472 | 0,557 | 0,576 | 0,580 | 0,541 | 0,480 |
| n | 15 | 15 | 15 | 15 | 15 | 15 | 15 | 15 | 15 |
| t | 1,084 | 1,767 | 2,106 | 1,931 | 2,421 | 2,538 | 2,564 | 2,316 | 1,973 |
| Signifikanz | - | ** | ** | ** | * | * | * | * | ** |

| | 1997 | 1998 | 1999 | 2000 | 2001 | 2002 | 2003 |
|---|---|---|---|---|---|---|---|
| r | 0,460 | 0,495 | 0,496 | 0,503 | 0,486 | 0,531 | 0,557 |
| n | 15 | 15 | 15 | 15 | 15 | 15 | 15 |
| t | 1,866 | 2,056 | 2,061 | 2,097 | 2,005 | 2,259 | 2,418 |
| Signifikanz | ** | ** | ** | ** | ** | * | * |

| | B | DK | D | EL | E | F | IRL | I |
|---|---|---|---|---|---|---|---|---|
| r | -0,151 | -0,691 | -0,411 | -0,742 | -0,289 | -0,141 | -0,501 | -0,350 |
| n | 25 | 25 | 25 | 22 | 21 | 24 | 24 | 25 |
| t | -0,732 | -4,579 | -2,164 | -4,956 | -1,314 | -0,667 | -2,717 | -1,790 |
| Signifikanz | - | * | * | * | - | - | * | ** |

| | L | NL | A | P | FIN | S | UK |
|---|---|---|---|---|---|---|---|
| r | 0,261 | 0,615 | -0,615 | -0,846 | -0,370 | 0,033 | -0,676 |
| n | 24 | 21 | 21 | 22 | 22 | 22 | 25 |
| t | 1,270 | 3,398 | -3,402 | -7,102 | -1,780 | 0,149 | -4,397 |
| Signifikanz | - | * | * | * | ** | - | * |

Anmerkung: * Signifikanz auf 5 %-Niveau (2-seitiger Test),
** Signifikanz auf 10 %-Niveau (2-seitiger Test),
- weder auf 5 %- noch auf 10 %-Niveau signifikant (2-seitiger Test)

## A6 Inhaltliche Bedeutung der Variablen aus dem Familiensurvey

| Nr. | Variablenbezeichnung | Wertebesetzung |
|---|---|---|
| **Basisvariablen** | | |
| 1-3 | Fragebogen-Nummer (88/94/00) | Kein |
| 4 | Jahr der Befragung | Kein |
| **Personenbezogene / Haushaltsbezogene Variablen** | | |
| 5 | Alter der Frau | Kein |
| 6 | Quadriertes Alter der Frau | Kein |
| 7 | Geschwisteranzahl der Frau | 0 = „keine Geschwister"<br>1 = „ein Geschwister"<br>2 = „zwei Geschwister"<br>3 = „mehr Geschwister" |
| 8 | Familienstand der Frau | 0 = „geschieden/verwitwet/ledig"<br>1 = „verheiratet" |
| 9 | Kinder* | 0 = „nein"<br>1 = „ja" |
| 10 | Kinderanzahl | Kein |
| 11 | Altersgruppe des jüngsten (lebenden) Kindes | 0 = „0 bis 2 Jahre (Kleinkind)"<br>1 = „3 bis 5 Jahre (Kindergartenkind)"<br>2 = „6 bis 14 Jahre (Schulkind)"<br>3 = „älter als 14 Jahre" |
| 12 | Anzahl der Verwandten | Keine |
| 13 | Min. Entfernung zu den Eltern der Frau | 0 = „wohnen nicht im gleichen Ort bzw. > 30 Min. entfernt"<br>1 = „wohnen im gleichen Ort bzw. < 30 Min. entfernt" |
| 14 | Min. Entfernung zu den Partnereltern | 0 = „wohnen nicht im gleichen Ort bzw. > 30 Min. entfernt"<br>1 = „wohnen im gleichen Ort bzw. < 30 Min. entfernt" |
| 15 | Stunden/Woche in institutioneller Betreuung (Kindergarten, Kinderkrippe usw.) | Kein |
| 16 | Stunden/Woche in informeller Betreuung (Geschwister, Großmutter, Tagesmutter usw.) | Kein |
| **Berufsbezogene Variablen** | | |
| 17 | höchster Schulabschluss der Frau | 1 = „ohne Abschluss"<br>2 = „Volks-/Hauptschulabschluss"<br>3 = „Mittlere Reife/Realschulabschluss"<br>4 = „Fachhochschulreife"<br>5 = „Abitur (Hochschulreife)" |
| 18 | Akademikerin | 0 = „keine"<br>1 = „(Fach-)Hochschulabschluss" |
| 19 | Erwerbstätigkeit* | 0 = „nicht erwerbstätig"<br>1 = „erwerbstätig" |
| 20 | wöchentliche Arbeitszeit der Frau | Kein |

| | Einkommensbezogene Variablen | |
|---|---|---|
| 21 | Haushaltsnettoeinkommen (gruppiert) | 1 = „bis unter 430 DM“<br>2 = „430 -1200 DM“<br>3 = „1200 - 2000 DM“<br>4 = „2000 - 3000 DM“<br>5 = „3000 - 4000 DM“<br>6 = „4000 - 5000 DM“<br>7 = „5000 - 7000 DM“<br>8 = „7000 - 9000 DM“<br>9 = „9000 DM und mehr“ |
| 22 | persönliches Nettoeinkommen der Frau (gruppiert) | 0 = „keine Einkünfte“<br>1 = „bis unter 430 DM“<br>2 = „430 -1200 DM“<br>3 = „1200 - 2000 DM“<br>4 = „2000 - 3000 DM“<br>5 = „3000 - 4000 DM“<br>6 = „4000 - 5000 DM“<br>7 = „5000 - 7000 DM“<br>8 = „7000 - 9000 DM“<br>9 = „9000 DM und mehr“ |
| 23 | Pro-Kopf-Einkommen (Betrag) | Kein |
| 24 | Pro-Kopf-Einkommen (gruppiert) | 1 = „bis 1000 DM“<br>2 = „1001 -1250 DM“<br>3 = „1251 - 1500 DM“<br>4 = „1501 - 2000 DM“<br>5 = „2001 - 2500 DM“<br>6 = „2501 - 3000 DM“<br>7 = „über 3000 DM“ |
| 25 | Reales HH-Nettoeinkommen (gruppiert) | 1 = „bis unter 430 DM“<br>2 = „430 -1200 DM“<br>3 = „1200 - 2000 DM“<br>4 = „2000 - 3000 DM“<br>5 = „3000 - 4000 DM“<br>6 = „4000 - 5000 DM“<br>7 = „5000 - 7000 DM“<br>8 = „7000 - 9000 DM“<br>9 = „9000 DM und mehr“ |
| 26 | Reales pers. Nettoeinkommen (gruppiert) | 0 = „keine Einkünfte“<br>1 = „bis unter 430 DM“<br>2 = „430 -1200 DM“<br>3 = „1200 - 2000 DM“<br>4 = „2000 - 3000 DM“<br>5 = „3000 - 4000 DM“<br>6 = „4000 - 5000 DM“<br>7 = „5000 - 7000 DM“<br>8 = „7000 - 9000 DM“<br>9 = „9000 DM und mehr“ |
| 27 | Reales Pro-Kopf-Einkommen (Betrag) | Kein |
| 28 | Logarithmiertes Pro-Kopf-Einkommen | Kein |

## A7 Deskriptive Statistik der Variablen für die einzelnen Panelwellen

| Variablen-Nr. | 1988 | | | | 1994 | | | | 2000 | | | |
|---|---|---|---|---|---|---|---|---|---|---|---|---|
| | Min | Max | $\overline{X}$ | $s_{\overline{X}}$ | Min | Max | $\overline{X}$ | $s_{\overline{X}}$ | Min | Max | $\overline{X}$ | $s_{\overline{X}}$ |
| 5 | 18 | 55 | 37,3 | 9,461 | 24 | 61 | 43,30 | 9,461 | 30 | 67 | 49,30 | 9,461 |
| 6 | 324 | 3025 | 1480,77 | 724,117 | 576 | 3721 | 1964,38 | 836,908 | 900 | 4489 | 2519,99 | 949,877 |
| 7 | 0 | 3 | 1,85 | 0,985 | 0 | 3 | 1,75 | 1,053 | 0 | 3 | 1,83 | 1,041 |
| 8 | 0 | 1 | 0,83 | 0,379 | 0 | 1 | 0,84 | 0,368 | 0 | 1 | 0,82 | 0,382 |
| 9 | 0 | 1 | 0,82 | 0,380 | 0 | 1 | 0,90 | 0,306 | 0 | 1 | 0,91 | 0,284 |
| 10 | 0 | 9 | 1,73 | 1,239 | 0 | 9 | 1,96 | 1,202 | 0 | 10 | 2,01 | 1,190 |
| 11 | 0 | 3 | 1,79 | 1,131 | 0 | 3 | 2,21 | 0,929 | 0 | 3 | 2,57 | 0,687 |
| 12 | 0 | 20 | 6,39 | 2,713 | 0 | 20 | 6,52 | 3,075 | 0 | 20 | 6,13 | 3,066 |
| 13 | 0 | 1 | 0,53 | 0,499 | 0 | 1 | 0,56 | 0,497 | 0 | 1 | 0,54 | 0,499 |
| 14 | 0 | 1 | 0,47 | 0,500 | 0 | 1 | 0,53 | 0,499 | 0 | 1 | 0,56 | 0,497 |
| 15 | 0 | 40 | 1,95 | 6,259 | 0 | 37 | 1,23 | 4,947 | 0 | 30 | 0,64 | 3,563 |
| 16 | 0 | 40 | 0,98 | 4,191 | 0 | 60 | 0,60 | 3,585 | 0 | 25 | 0,19 | 1,534 |
| 17 | 1 | 5 | 2,80 | 1,047 | 1 | 5 | 2,83 | 1,050 | 1 | 5 | 2,80 | 1,072 |
| 18 | 0 | 1 | 0,10 | 0,302 | 0 | 1 | 0,12 | 0,322 | 0 | 1 | 0,11 | 0,315 |
| 19 | 0 | 1 | 0,50 | 0,500 | 0 | 1 | 0,57 | 0,495 | 0 | 1 | 0,58 | 0,493 |
| 20 | 0 | 99,9 | 16,36 | 19,150 | 0 | 99,9 | 18,38 | 18,8162 | 0 | 80 | 17,39 | 17,6929 |
| 21 | 1 | 9 | 4,90 | 1,427 | 2 | 9 | 5,99 | 1,505 | 2 | 9 | 6,18 | 1,497 |
| 22 | 0 | 9 | 1,70 | 1,632 | 0 | 9 | 2,58 | 1,748 | 0 | 8 | 2,57 | 1,939 |
| 23 | 0 | 20000 | 2173,15 | 2825,991 | 161 | 16667 | 2079,84 | 1299,932 | 333 | 31250 | 1791,81 | 1491,254 |
| 24 | 1 | 7 | 5,19 | 2,089 | 1 | 7 | 4,10 | 1,830 | 1 | 7 | 3,54 | 1,650 |
| 25 | 1 | 9 | 4,9 | 1,427 | 1 | 9 | 5,22 | 1,445 | 2 | 9 | 5,14 | 1,435 |
| 26 | 0 | 9 | 1,70 | 1,632 | 1 | 8 | 2,39 | 1,294 | 1 | 7 | 2,34 | 1,264 |
| 27 | 0 | 20000 | 2173,15 | 2825,991 | 133,06 | 13774,38 | 1718,88 | 1074,324 | 253,23 | 23764,26 | 1362,59 | 1134,0334 |
| 28 | 1,85 | 4,30 | 3,432 | 0,349 | 2,21 | 4,22 | 3,2615 | 0,2142 | 2,52 | 4,49 | 3,20 | 0,197 |

# LITERATUR- UND QUELLENVERZEICHNIS

**Alecke, B. (1997)**, Regressionsanalyse mit Panel-Daten: Eine Einführung, in: ZA-Information 40, Mai 1997, S. 87-121.

**Andersen, E.B. (1973)**, Conditional Inference and Models for Measuring, Copenhagen.

**Andreß, H.-J. / Hagenaars, J.A. / Kühnel, S. (1997)**, Analyse von Tabellen und kategorialen Daten - Log-lineare Modelle, latente Klassenanalyse, logistische Regression und GSK-Ansatz, Berlin, Heidelberg.

**Arminger, G. (1997)**, Probit-Models for the Analysis of Non-Metric Panel Data, in: Hujer, R. / Rendtel, U. / Wagner, G. (Hrsg.): Wirtschafts- und Sozialwissenschaftliche Panel-Studien - Datenstrukturen und Analyseverfahren, Göttingen, S. 193-209.

**Avery, R.B. / Hansen, L.P. / Hotz, V.J. (1983)**, Multiperiod Probit Models and Orthogonality Condition Estimation, in: International Economic Review, Vol. 24, No. 1, S. 21-35.

**Bahr, D. (2005)**, Unfruchtbare Elite, in: Welt am Sonntag vom 27. Februar 2005, S.12.

**Bartling, H. / Luzius, F. (2004)**, Grundzüge der Volkswirtschaftslehre, 15., verb. und erg. Aufl., München.

**Becker, G.S. (1976)**, The Economic Approach to Human Behavior, Chicago, London.

**Becker, G.S. (1993)**, A Treatise on the Family, enlarged ed., Cambridge, London.

**Becker, G.S. (1996)**, Familie, Gesellschaft und Politik - die ökonomische Perspektive, übersetzt von Streissler, M., in: Pies, I. (Hrsg.), Die Einheit der Gesellschaftswissenschaften, Band 96, Tübingen.

**Berlin-Institut für Weltbevölkerung und globale Entwicklung (2004)**, Europa-Ranking Kinderfreundlichkeit, Abruf am 21. März 2006 *http://www.bmfsfj.de/RedaktionBMFSFJ/Abteilung2/Newsletter/Zukunft-Familie/2004-04/Medien/ranking-kinderfreundlichkeit,property=pdf,bereich=,rwb=true.pdf.*

**Bien, W. / Marbach, J.H. (2003)**, (Hrsg.), Partnerschaft und Familiengründung - Ergebnisse der dritten Welle des Familien-Survey, Opladen.

**Birg, H. (2001)**, Die demographische Zeitenwende - Der Bevölkerungsrückgang in Deutschland und Europa, München.

**Birg, H. (2004)**, Historische Entwicklung der Weltbevölkerung, in: Informationen zur politischen Bildung, Nr. 282, S. 4-11.

**Birg, H. / Flöthmann, E.-J. (1996)**, Entwicklung der Familienstrukturen und ihre Auswirkungen auf die Belastungs- bzw. Transferquotienten zwischen den Generationen, Studienbericht im Auftrag der Enquete-Kommission des Deutschen Bundestages „Demographischer Wandel", Materialien des Instituts für Bevölkerungsforschung und Sozialpolitik der Universität Bielefeld, Bd. 38.

**Bode, O. (2002)**, Quantitative Analyse dynamischer nichtlinearer Panelmodelle, Diss. Univ. Göttingen, Abruf am 20. März 2006: *http://webdoc.sub.gwdg.de/diss/2002/bode_oliver/index.html.*

**Bräuninger, D. / Gräf, B. / Gruber, K. / Neuhaus, M. / Schneider, S. (2002)**, Die demografische Herausforderung, Demografie Spezial vom 30. Juli 2002, Deutsche Bank Research, Frankfurt am Main.

**Bundesministerium für Familie, Senioren, Frauen und Jugend**: *http://www.bmfsfj.de/*

**Bundesministerium für Gesundheit und Soziale Sicherung (2003)**, (Hrsg.), Nachhaltigkeit in der Finanzierung der Sozialen Sicherungssysteme, Bericht der Kommission, Berlin.

**Butler, J.S. / Moffitt, R. (1982)**, A Computationally Efficient Quadrature Procedure for the One-Factor Multinomial Probit Model, in: Econometrica, Vol 50, No. 3, S. 761-764.

**Chamberlain, G. (1980)**, Analysis of Covariance with Qualitative Data, in: Review of Economic Studies, Vol. 47, S. 225-238.

**Chamberlain, G. (1984)**, Panel Data, in: Griliches, Z. / Intriligator, M.D. (Hrsg.): Handbook of Econometrics, Vol. II, Amsterdam, S. 1247-1318.

**Cigno, A. (1991)**, Economics of the Family, Oxford.

**Del Boca, Daniela (2002)**, The Effect of Child Care and Part Time Opportunities on Participation and Fertility Decisions in Italy, IZA Discussion Paper No. 427, Bonn.

**Deutsches Jugendinstitut**, Familiensurvey, 1988-2000, München.

**Dickmann, N. / Flüter-Hoffmann, C. / Peter, W. / Seyda, S. (2004)**, Beruf und Familie, Themen-Service des Instituts der deutschen Wirtschaft Köln, Dossier 25.

**Dielman, T.E. (1989)**, Pooled Cross-Sectional and Time-Series Data Analysis, Basel, New York.

**Eckey, H.-F. / Kosfeld, R. / Dreger, C. (2001)**, Ökonometrie - Grundlagen - Methoden - Beispiele, 2., überarb. und erw. Aufl., Wiesbaden.

**Ehrenstein, C. (2004)**, Betreuung statt Bezahlung, in: Die Welt vom 7. September 2004, S.3.

**Emmerling, D. (2005)**, Ehescheidungen 2004, in: Statistisches Bundesamt (Hrsg.), Wirtschaft und Statistik 12/2005, S. 1273-1282.

**Espenshade, T.J. (1984)**, Investing in Children: New Estimates of Parental Expenditures, Washington.

**Eurostat (2002 a)**, Europäische Sozialstatistik Bevölkerung, Luxemburg.

**Eurostat (2002 b)**, Das Leben von Männern und Frauen in Europa, Luxemburg.

**Eurostat (2003)**, Eurostat Jahrbuch 2003, Luxemburg.

**Eurostat (2004)**, Bevölkerungsstatistik, Luxemburg.

**Eurostat (2005)**, European Social Statistics – Labour Market Policy, Expenditure and Participants, Luxemburg.

**Fendel, R. (2004)**, Paneldatenanalyse, in: WiSt Wirtschaftwissenschaftliches Studium, Zeitschrift für Ausbildung und Hochschulkontakt, 33. Jg., Heft 12/2004, S. 736-740.

**Flüter-Hoffmann, C. / Solbrig, J. (2003)**, Wie familienfreundlich ist die deutsche Wirtschaft, Institut der deutschen Wirtschaft Köln (Hrsg.), IW-Trends, 4/2003.

**Goldstein, J. / Lutz, W. / Testa, M.R. (2003)**, The Emergence of Sub-Replacement Family Size Ideals in Europe, Vienna Institute of Demography (Hrsg.), European Demographic Research Papers, No. 2.

**Greene, W.H. (2003)**, Econometric Analysis, 5th ed., New Jersey.

**Grünheid, E. (2003)**, Forschung mit dem Mikrozensus: Junge Frauen in Deutschland: bei hoher Ausbildung kinderlos?, Vortrag auf der 3. Nutzerkonferenz des ZUMA und des Statistischen Bundesamtes am 9. Oktober 2003 in Mannheim.

**Gujarati, D.N. (2003)**, Basic Econometrics, 4th ed., Boston usw.

**Hamerle, A. / Ronning, G. (1995)**, Panel Analysis for Qualitative Variables, in: Arminger, G. / Clogg, C.C. / Sobel, M.E. (Hrsg.): Handbook of Statistical Modelling for the Social and Behavioural Sciences, New York, London, S. 401-451.

**Hank, K. / Kreyenfeld, M. / Spieß, K. (2003)**, Kinderbetreuung und Fertilität in Deutschland, in: DIW Berlin Diskussionspapiere, Nr. 331.

**Heckman, J.J. / Willis, R. (1976)**, Estimation of a Stochastic Model of Reproduction: An Econometric Approach, in: Terleckyj, N. (Hrsg.): Household Production and Consumption, New York.

**Herden, R.-E. / Münz, R. (2001)**, Bevölkerung, in: Schäfers, B. / Zapf, W. (Hrsg.): Handwörterbuch zur Gesellschaft Deutschlands, 2., erw. und akt. Aufl., Opladen, S. 75-88.

**Hsiao, C. (1996)**, Logit and Probit Models, in: Mátyás, L. / Sevestre, P. (Hrsg.), The Econemetrics of Panel Data - A Handbook of the Theory with Applications, 2nd rev. ed., Dordrecht, Boston, London, S. 410-428.

**Hsiao, C. (2003)**, Analysis of Panel Data, 2nd ed., Cambridge.

**Hülskamp, N. / Seyda, S. (2004)**, Staatliche Familienpolitik in der Sozialen Marktwirtschaft - Ökonomische Analyse und Bewertung familienpolitischer Maßnahmen, Institut der deutschen Wirtschaft Köln (Hrsg.), IW-Positionen, Nr. 11.

**Institut der deutschen Wirtschaft (2003)**, Akademikerinnen – Karriere kontra Kinder, iwd - Informationsdienst des Instituts der deutschen Wirtschaft Köln, Nr. 38 vom 18. September 2003, Abruf am 17. März 2006: *http:// www.iwkoeln.de/default.aspx?p=pub&i=1186&pn=2&n=n1186&m=pub&f=4&b=Informationen&a=16979.*

**Institut für Demoskopie Allensbach (2004)**, Einflussfaktoren auf die Geburtenrate, Abruf am 20. März 2006: *http://www.ifd-allensbach.de/pdf/ akt_0407.pdf.*

**Institut für Demoskopie Allensbach (2005)**, FamilienAnalyse 2005, Abruf am 20. März 2006: *http://www.eltern.de/pdf/mkml_fa2005.pdf.*

**Johnston, J. / DiNardo, J. (1997)**, Econemtric Methods, 4th ed., New York usw.

**Kaufman, B.E. / Hotchkiss, J.L. (2000)**, The Economics of Labor Markets, Fort Worth, Philadelphia usw.

**Kögel, T. (2004)**, Did the Association between Fertility and Female Employment within OECD Countries Really Change its Sign?, in: Journal of Population Economics, No. 17, S. 45-65.

**Kopp, J. (2002)**, Geburtenentwicklung und Fertilitätsverhalten: theoretische Modellierung und empirische Erklärungsansätze, Konstanz, zugl. Habil.-Schr. Univ. Mannheim, 1999.

**Kröhnert, S. / van Olst, N. / Klingholz, R. (2005)**, Emanzipation oder Kindergeld? Der europäische Vergleich lehrt, was man für höhere Geburtenraten tun kann, in: Sozialer Fortschritt, Vol. 54, Nr. 12, S. 280-290, Abruf am 20. März 2006: *http://www.berlin-institut.org/pdfs/Emanzipation%20oder%20Kindergeld_05.pdf.*

**Lechner, M. (1995)**, Ökonometrische Modelle für qualitative Paneldaten - Das Beispiel der selbständigen Erwerbstätigkeit in den neuen Bundesländern, in: Franz, W. / Gerlach, K. / Hübler, O. / Wagner, J. (Hrsg.): Studien zur Arbeitsmarktforschung, Bd. 5, Frankfurt, New York, zugl. Diss. Univ. Mannheim, 1994.

**Lipinski, H. / Stutzer, E. (2004)**, Wollen die Deutschen keine Kinder mehr? Sechs Gründe für die anhaltend niedrigen Geburtenraten, in: Statistisches Landesamt Baden-Württemberg (Hrsg.), Statistisches Monatsheft Baden-Württemberg 6/2004, S. 3-8.

**Lutz, W. / Milewski, N. (2004)**, Als ideal angesehene Kinderzahl sinkt unter zwei – Wandel der Normen in Österreich und Deutschland, in: Max-Planck-Institut für demografische Forschung (Hrsg.), Demografische Forschung aus erster Hand, Jg. 1, Nr. 2, S. 1-2.

**Maddala, G.S. (1987)**, Limited Dependent Variable Models Using Panel Data, in: Journal of Human Resources, Vol. 22, No. 3, S. 307-338.

**Malthus, T.H. (1966)**, First Essay on Population 1798, reissued, London.

**Miegel, M. (2005)**, Eine Frage…Herr Miegel, in: Wirtschaftswoche, Nr. 4 vom 20. Januar 2005, S. 10.

**Müller, U. / Peter, J. (2006)**, Wenn das Volk schrumpft, in: Die Welt vom 14. März 2006, S. 3.

**OECD, Employment Outlook (versch. Jahrgänge)**, Paris.

**OECD, Labour Force Statistics (versch. Jahrgänge)**, Paris.

**OECD, Labour Market Statistics**, Paris, Abruf am 17. März 2006: *http://www1.oecd.org/scripts/cde/members/lfsindicatorsauthenticate.asp.*

**Pfeiffer, U. / Afheldt, H. / Föhr, H. / Harant, S. / Oesterdiekhoff, P. (2003)**, Generationengerechtigkeit - Wachstum - Demografie, Positionspapier zum Kongress des Managerkreises am 25. November 2003 in Berlin.

**Prognos AG (2003)**, Betriebswirtschaftliche Effekte familienfreundlicher Maßnahmen, Abruf am 20. März 2006: *http://www.prognos.com/pdf/ Kosten_Nutzen.pdf.*

**Prognos AG (2005)**, Familienatlas 2005, Abruf am 20. März 2006: *http://www. prognos.com/familienatlas/p_familienatlas.pdf.*

**Reuter, S. (2003)**, Frankreich: Die vollzeitberufstätige Mutter als Auslaufmodell, in: Aus Politik und Zeitgeschichte, Bd. 44, S. 39-46.

**Rürup, B. / Gruescu, S. (2003)**, Nachhaltige Familienpolitik im Interesse einer aktiven Bevölkerungsentwicklung - Gutachten im Auftrag des Bundesministeriums für Familie, Senioren, Frauen und Jugend, Bundesministerium für Familie, Senioren, Frauen und Jugend (Hrsg.), Berlin.

**Sachverständigenrat zur Begutachtung der gesamtwirtschaftlichen Entwicklung (2005)**, Jahresgutachten 2005/2006: Die Chance nutzen – Reformen mutig voranbringen, Wiesbaden.

**Scharein, M. / Unger, R. (2005)**, Kinderlosigkeit bei Akademikerinnen? Die Aussagekraft empirischer Daten zur Kinderlosigkeit bei Akademikerinnen, in: BiB-Mitteilungen 02/2005, S. 6-13.

**Schmitt, C. / Winkelmann, U. (2005)**, Wer bleibt kinderlos? Sozialstrukturelle Daten zur Kinderlosigkeit von Frauen und Männern, DIW Berlin Diskussionspapiere, Nr. 473.

**Schneekloth, U. (2000)**, Familie und Partnerbeziehungen in der Bundesrepublik Deutschland (Familiensurvey 2000), Methodenbericht, Infratest Burke Sozialforschung, München.

**Schulze, P.M. (2003)**, Beschreibende Statistik, 5., erw. und akt. Aufl., München, Wien.

**Siems, D. (2006)**, Milliardenteurer Blindflug, Abruf am 2. Juli 2006: *http:// www.welt.de/data/2006/03/24/864359.html.*

**Solms-Laubach, F. (2006)**, Frankreich, in: Die Welt vom 24. März 2006, S. 3.

**Stata Press (2003 a)**, (Hrsg.), Stata Cross-Sectional Time-Series, Reference Manual, Release 8, College Station.

**Stata Press (2003 b)**, (Hrsg.), Stata Base, Reference Manual, Vol. 1 (A-F), Release 8, College Station.

**Stata Press (2003 c)**, (Hrsg.), Stata Base, Reference Manual, Vol. 2 (G-M), Release 8, College Station.

**Statistisches Bundesamt**, Elektronische Datenübertragung auf Anfrage, Tabellen in Anlehnung an die der Fachserie 1 / Reihe 3: Bevölkerung und Erwerbstätigkeit - Haushalte und Familien sowie der Fachserie 1 / Reihe 1: Bevölkerung und Erwerbstätigkeit - Gebiet und Bevölkerung.

**Statistisches Bundesamt (2003 a)**, Bevölkerung Deutschlands bis 2050, 10. koordinierte Bevölkerungsvorausberechnung, Wiesbaden.

**Statistisches Bundesamt (2003 b)**, Wo bleibt die Zeit? Die Zeitverwendung der Bevölkerung in Deutschland 2001/02, Wiesbaden.

**Statistisches Bundesamt (2004)**, Im Blickpunkt: Frauen in Deutschland, Wiesbaden.

**Vogel, F. / Grünewald, W. (1996)**, Kleines Lexikon der Bevölkerungs- und Sozialstatistik, München, Wien.

**von Auer, L. (2003)**, Ökonometrie - Eine Einführung, 2. Auflage, Berlin usw.

**Schriften zur empirischen Wirtschaftsforschung**

Herausgegeben von Peter M. Schulze

Band 1 Christoph Balz: Multivariate Überprüfung von Hysteresiseffekten. Eine empirische Analyse ausgewählter Arbeitsmärkte. 1999.

Band 2 Daniel Porath: Fiskalische Beurteilung der Staatsverschuldung mit ökonometrischen Methoden. Eine empirische Studie für die Bundesrepublik Deutschland. 1999.

Band 3 Martina Johannsen: Theorie und Empirie von Arbeitsmärkten. Eine ökonometrische Analyse für Rheinland-Pfalz. 2000.

Band 4 Peter M. Schulze: Regionales Wachstum und Strukturwandel. Quantitative Analyse mit Regionaldaten für die Bundesrepublik Deutschland. Unter Mitarbeit von Christoph Balz. 2001.

Band 5 Nora Lauterbach: Tertiarisierung und Informatisierung in Europa. Eine empirische Analyse des Strukturwandels in Deutschland, Frankreich, Italien und Großbritannien. 2004.

Band 6 Robert Skarupke: Renditen von Bildungsinvestitionen. Paneldaten-Schätzungen für die Bundesrepublik Deutschland. 2005.

Band 7 Manfred Scharein: Zur Theorie skalenparametergesplitteter Verteilungen und ihrer Anwendung auf den deutschen Aktienmarkt. 2005.

Band 8 Ke Ma: Quantitative Renditeanalysen am deutschen Aktienmarkt mit Multifaktoren-Modellen. 2005.

Band 9 Jens Ulrich Hanisch: Rounding of Income Data. An Empirical Analysis of the Quality of Income Data with Respect to Rounded Values and Income Brackets with Data from the European Community Household Panel. 2007.

Band 10 Yvonne Lange: Fertilität und Erwerbsbeteiligung von Frauen in Deutschland. Eine empirische Analyse. 2007.

www.peterlang.de

FSC
www.fsc.org
MIX
Papier | Fördert
gute Waldnutzung
FSC® C083411

Kolibri 360 GmbH
Ferdinand-Jühlke-Straße 7
99095 Erfurt, Deutschland
produktsicherheit@kolibri360.de

Druck:
CPI Druckdienstleistungen GmbH
im Auftrag der
Kolibri 360 GmbH
Ferdinand-Jühlke-Str. 7
99095 Erfurt